プロデュースの基本

木﨑賢治
Kisaki Kenji

インターナショナル新書　062

はじめに

この本を書こうとしたとき、小学五年生くらいのときを思い出していました。

僕は蝶々が好きで、採集から始まり、生態などにも興味を持ったので、アゲハチョウを飼育して観察しました。次第に好奇心が湧いてきて、新しい葉を食べている幼虫と古い葉を食べている幼虫とでは生育がどのように違うかとか、日の当たるところにいる幼虫と日陰の幼虫ではどう違うのかなど、誰にも言わずに密かに観察日記をつけていました。

ある日、担任の先生が家庭訪問に来たときに、その日記帳を見られてしまいました。「木﨑はおもしろいことを研究してるな。これを全校生徒の前で発表しなさい」と言われて、後日先生が持ってきた模造紙に、観察の成果を書いて発表したことを憶えています。

中学生になると興味の対象が、蝶からアメリカン・ポップ・ミュージックに変わりました。ビルボードのヒットチャートに興味を引かれ、FEN（現・AFN）ラジオの「TOP20」という番組で最新のアメリカのヒット曲を聴くようになりました。聴いているうちに、こういう曲をつくりたいと思うようになり、アコースティックギターを買ってもらって、訳もわからないままに曲をつくり始めました。そうするといろいろな曲のコード進行はどうなっているのか、構成はどうなっているのかと気になり出して、ポップ・ミュージックの研究が始まりました。

今回の本は、小学生のころの蝶の観察日記のように、中学のときから密かに研究していた音楽のことを、ひょんなことからみんなの前で発表しなさいと言われて書き始めたものです。

きっかけは、山下久美子さんの久しぶりのライブでした。僕の隣の席は、「バスルームから愛をこめて」を作曲してもらった亀井登志夫さんでした。亀井さんに渡した詩がどういう経緯で完成したのか、ライブ終わりの楽屋で話したら、亀井さんは「そういうエピソード知らなかった、曲ができるバックグラウンドストーリーっておもしろいよね」と山下久美子さんたちに話していました。

それを聞いていた、当時一緒に山下さんの制作をしていた福岡智彦さんが、「木﨑さんのプロデュース、独特でおもしろいから本にしたら」と言ったのです。

僕は体験したエピソードそのものより、自分でつくったからこそ気がついたことや生み出した法則が、ものをつくる人のインスピレーションになればと思い、書き記すことにしました。頭のなかにしかないファイルを四苦八苦しながら、取り出すことになりました。

自分でも音楽をつくりたいと思ったときから、いろんなことに気づき、発見をしてきました。

楽曲そのものから始まり、付随することにも興味を持ち、音楽以外でもさまざまな創造されたもの、そしてそれらをつくる人にも興味は広がっていきました。

音楽のちょっとした具体的なテクニックや方法論などを発見すると、そこからさらに一段階上の包括的な法則に辿り着き、さらにもっと包括的な哲学みたいなものがわかってきます。

そうするとその法則は、音楽だけでなく、洋服のデザインにも、レストランをつくることにも、野球チームをつくることにも応用でき、基本はみんな一緒だということに気づきました。

そうなってくると、ジャンルの違う仕事をしている人と話すことで、より刺激的なインスピレーションを受けることができます。

僕たちは目標を持つことが大切だと思います。

いい音楽をつくりたいとか、これまでになかった新しいシステムをつくりたい、人の役に立つ便利な機械をつくりたいなど、目標を実現しようとして生きていると、必要なことが目に見えてきて、心に引っかかってくるはずです。ちっちゃな発見が、より大きな発見へと導いてくれます。その積み重ねで、やがて自分の哲学ができるのだと思います。

人生は発見の旅です。

つくっちゃえ、みなさん！

目次

第三章

人と仕事するということ

1 アーティストをまず肯定してあげる

アーティストの感性を認める／理論的に正しいことと、感情的なこと／よくなくても褒めると効果がある／いいところにスポットライトを

2 おもしろい歌詞を書く人は、独自の視点を持っている

一〇年本を読み続けて／伝えたい気持ちの強さが大事

3 いい作品は〝ふつう〟のなかから生まれる

ふつうの構成でいかに新しいものをつくるか／ありきたりの筋書きに感情移入させる技術

4 仕事相手のプロフィールは気にしない

有名無名より仕事のクオリティ／「素人集めて何してんだ！」／クリエイターたちのデビュー／すでにヒット曲があった人はひとりもいない／銀色夏生さんの最初の本

5 クリエイティブな人はどんな相手も平等に扱う

威張らない人／過去の実績より、今と、この先への興味

6 正論で人は動かない

ときには遠回りもして根気強く／自尊心を傷つけない／交渉するときは感謝の気持ちを／言葉のトーンと心の関係／次に繋がる断り方

第四章 ヒットをつくるために僕がしていること

第五章 クリエイティブなライフスタイル

第一章　いいなと感じて、つくりたいと思ったら、分析して、答えを見つける

1 おもしろいと感じたら、自分もつくりたい

いいなと感じて、つくりたいなと思って、どうなっているのかを分析して、自分でつくってみる。それがものをつくるということの基本であり、すべてじゃないかなと僕は思っています。

まず自分がいいな、ぐっとくるなと感じることが出発点。好きだな、いいな、と感じることは誰にでもあるはずです。ですが、自分がいいと感じたものをつくりたいと思う衝動があるかないか。そこが大切なポイントだと思います。

感じるだけなら、誰でもできます。「ディズニーランドのビッグサンダー・マウンテン、すごかったよね。怖かったしさ」とか、「廃坑の感じとかリアルだよね」「夜景もきれいだったよね」などというのが感じるということ。

でも、遊園地をつくろうと思わない人は、そこで終わってしまいます。だいたいの人はそうです。

たとえば、僕は洋服が大好きなんですが、つくりたいとまでは思わない。これ好きだな、このデザインいいな、とは思うけれど、どういう縫製をすればシャツがこんな形になるのか、そういったことまでは考えない。襟や袖はどうくっつけるんだろうとか、分析もまったくしませ

ん。いいな、から先に進むことはないんです。

「いいな」から「自分でつくりたい」に進んだ僕の最初は、小学生のとき。そのとき何が起きたか、僕自身の原点を少しだけご紹介します。

小学生、トリックを考える

小学生のころに、探偵小説を書いてみたことがあるんです。友達がシャーロック・ホームズを読んでいて、おもしろいよと言うので、自分も読んでみたらこれが本当におもしろくて。ふつうは他の作品も読んでみたいと思うんでしょうけど、僕は「こういうのを書いてみたいな」と思ったんです。どうも受け身でいるより、つくりたい衝動にかられることが多いみたいです。

書こうと思ったら、まず探偵小説ってどうなっているんだろうと考えました。探偵が謎を解くにしても、簡単な謎ではおもしろくない。たとえば密室殺人だとしたら、どうやって部屋に人が入ったか、どうやって殺されたか、トリックを考えることがいちばん大切なんだと気がつきました。

結果として、探偵小説は完成しませんでしたが、つくりたいと思ったからいろいろなことにも目が向いたんですね。読むだけなら「おもしろかった」だけで終わるところが、つくりたいと思ったからこそ気づくこと、わかることがたくさんあったんです。おもしろいと感じたものを実際につくるのがいかに難しいことか、それがわかっただけでも収穫だったと思います。

トントン相撲の番付表

小学校四、五年生ぐらいだったと思います。僕は相撲が好きだったので、トントン相撲を自分でつくりました。トントン相撲のキットが売られていて、力士の紙人形が簡単につくれたんです。当時の幕内の全力士の名前を入れた人形をつくりました。

大相撲はひとつの場所の一五日間で、同じ取組はひとつもありません。トントン相撲を本物っぽくやるためには、どうしても番付が必要です。でも、実際のルールに忠実にやろうとすると本当に難しいんですよね。今だったらコンピューターで一瞬でできそうなことですけど。

僕がまず考えたのが、東の横綱を1とすると、西の横綱は2というふうに、力士全員に番号をつける方法です。40番ぐらいまでありました。

初日は横綱は前頭の上のほうの人と当たるので1－12とか、2－13とかになりますが、それが七日目、八日目ぐらいから同じ取組が出てきてしまうんです。そうなると、また組み直しです。全部違うものにするにはどうすればいいか、考えるのにすごく時間がかかりました。千秋楽は横綱同士の取組にしないといけないですしね。

ひとり遊びとはいえちゃんと一五日間やって、勝敗をつけて、千秋楽が終わると番付編成会議もやりました。八勝七敗だとひとつ上に上がるとか、そういうルールも大相撲を見て覚えていたので、力士を昇進させてまた番付表をつくるのが楽しかったですね。

そんなふうに自分でつくることで、取組や番付のこと、大相撲全体のことがわかっていきました。

新しい方法を見つけたい

時間の計算法を見つけようとしていたこともありました。植木算とか鶴亀算みたいなものが便利でいいなあと思って、自分でも新しい計算法をつくりたいなと思ったんです。

小学生の僕には時間の計算がすごく難しかったんですね。たとえば「午前八時から午後三時までは何時間でしょうか」という計算がピンとこなかった。三引く八だとマイナスになるんだけど、そうならない計算法を見つけたらすごいなと思ったんですよね。

実際は二四時間で計算すればなんのことはないですから、後々わかってガッカリしたんですけどね。

このように僕は子供のころから何か新しい方法を見つけたいとか、発明したいとかいうことをずっと思っていました。

2 なぜおもしろいのか、理由を分析する

子供時代の僕は「なんで？」という言葉を連発していました。それと同じぐらい言っていたのが「わからない」。周りの人たちに言わせると、今でも口癖のように言っているらしいですが、小学生のころからとにかくもう「わからない」ばかり。「なんでわからないの？」と聞かれれば、「だってわからないんだもん」と返していました。

逆に言うと、「わかりたい」と思うからこそ「わからない」ことに気づくんですね。要は、答えが欲しいんです。

音楽で答えを出す

僕は小さいときから数学みたいにひとつの答えが出るものが好きでした。答えが見つかることに安心感を覚えるからです。

音楽は正解のないものだとよく言われますが、僕のなかでは、その時々の正解を常に探し当てているんです。

音楽を聴いていいてぐっとくるのはどこか、そして気持ちいいのはなぜか、感情を動かされる

瞬間の秘密を突き止めたくなりますよね。その疑問を掘り下げていけば、そこには必ず納得のいく答えが隠されています。

ただ、その答えは、時代とともに変化していく。だから音楽をつくり続けるということは、答えを探す旅を続けるということでもあるんです。

弾いてわかったぐっとくるコード進行

音楽は小学生のころから好きでした。歌謡曲をよく聴いていましたが、五年生ぐらいでプレスリーが出てきて、なんだかすごいなと思ったんですよね。

中学校のクラスに洋楽が好きな友だちがいて、その子とシングル盤を貸し借りして聴くようになってから、音楽っていいなあ、こういう曲をつくりたいなあと思うようになりました。それで、安物のアコースティックギターを親に買ってもらったんです。

簡単なコードが歌詞に書いてある〝歌本〟と呼ばれていた音楽雑誌の付録を見て、当時のアメリカのヒット曲のコードを覚えて、弾いて歌っていました。そして、弾いているうちに「このあたりがぐっとくるな」というコード進行が、なんとなくわかるようになってきたんです。

それは自分でこういう曲をつくりたいなと思って、自分でギターを弾いて、コードを覚えたからわかったこと。ただ音楽を聴いているだけだったら、わからなかったと思います。

ぐっとくる、キュンとくるコード進行に気づいたのがきっかけで、ヒット曲の秘密が僕のなかで少しずつ解明できていったんです。

キュンとくる仕組みを数学的に分析

最初にキュンときたコード進行は、CのキーでのE7でした。他にも、コードとメロディの関係でキュンとくるものとか、いろいろと覚えていって、そうした知識を基にして曲をつくり始めました。もともとが、いいと思ったら自分でもつくってみたいタイプですから、ぐっとくる曲をつくりたいと思ったんです。

つくりたいと思うことで、いろんな構造が見えてくるんじゃないかと、僕は考えています。つくりたいと思う衝動だけが、いろんな発見に導いてくれます。

まず、好きとか、カッコいいとか感じること。それをつくりたいと思うこと。そこから考える作業に入るわけですが、分析するという言い方が近いと思います。

形があるものには構造があるので、それがどういう仕組みになっているのか、そのどの部分で自分はぐっとくるのか、キュンとするのか、けっこう数学的に分析できる要素が実は多いんですよね。

とにかく自分の「好き」を分析することです。どうして自分はこれが好きなんだろう、と。

それを考えているうちに、答えはいつか見えてくるものだと思います。

③ ひとつの例で法則をつくっていい

答え、つまり理論、理屈がないと自分も納得できないし、人を説得することもできません。

高校生ぐらいのころは、音楽を聴いて「これいいよね！」「うん、いいよね」だけでも会話が展開していくものだと思いますが、もっとたくさんの人にそのよさをわかってもらおうとすると、説明が必要になります。「なんでいいの？」「どういいの？」に対して、「これがこうで、こういう理由だから僕はこれが好きなんだ」と言えたら、今まであまり興味を示さなかった人にもいいなと思ってもらえるかもしれません。

どんなに自分が好きだと思うものでも、それを伝えるうえでの理屈がないと、より多くの人には理解してもらえないんです。

同じ曲を聴いても、人によって好きだと感じる部分も感じ方も違うはずですし、違っていていいのです。だからこそその理屈も、自分で見つけたものじゃないとダメです。自分の感性の上に自分の理屈を構築することが大切です。

「人は見かけ」という法則

自分で見つけた答えが正しいかどうか不安だ、という人がいるかもしれません。僕は、ちゃんと感じて考えて見つけた答えなら、たとえサンプルがひとつしかなくても、それを〝法則〟にしてしまっていいと考えています。

たとえば、人は見かけという法則。その人の生き方や経験してきたことは、全部見かけに出ているような気がします。

僕は仕事する相手のプロフィールをあまり気にしません。だからこそ、その人と会って話している間に、この人となら一緒にやれるな、やりたいなと思えるかどうかがすべてになります。そのときにやっぱり、見た目の印象というのは大きいんですね。

たとえばギタリストやアレンジャーに関しては、見た目と出す音が一致すると僕は思っています。

大澤（一九九九年までは〝大沢〟と表記）誉志幸くんの仕事をやり出したころ、アレンジャーを探していました。当時流行っていたデュラン・デュランとか、あのへんの感覚がわかる人とやりたいなと思っていたんですが、そのときにやってきたアレンジャーの人が、ちょうどそのあたりが好きだと言うんです。

でも、なんだか違和感があったんですね。着ている服と髪型がちぐはぐというか、デュラン・デュランのイメージとは程遠くて。

「じゃ、デュラン・デュランのこんな感じでやろう」と制作に入ったんだけど、結局望んだ形にはなりませんでした。たぶん、同じ音楽を聴いていても、いいと感じるポイントが違ったんでしょうね。それで、予算オーバーになることを承知のうえで、その人とつくったものをボツにしたんです。見た目の違和感に従えばよかったな、と反省しました。

　わかりやすい例で言うと、髪が長くて明らかにL.A.ハードロックが好きそうなギタリストって、やはりL.A.ぽいひずんだ音を出すタイプの人が多いですよね。僕はある時期、ああいうひずみ方をするギターがあまり好きじゃなくなったんです。イギリスの音楽を聴くようになってから、同じひずみでもちょっと違う方向の音を求めていたから。そういう音を出す人は髪も短くてスタイリッシュでした。見た目と出す音は一致していると気づきました。

　つまり、自分のスタイルをアピールするうえでも見た目は大事ということですね。

　そういう経験からも、「これからは見た目で選ぼう」「人は見かけに全部出ている」というのを僕はひとつの〝法則〟にしました。

実行するために法則をつくる

　先ほどのＥ７というコードの話なんですが、昔、自分だけがＥ７がぐっとくるコードだと思っているのかなと不安になったことがありました。でも時々、人に曲を聴いてもらって「この曲のどこでぐっとくる？」と聞いてみると、だいたいＥ７だったりするんですよね。それで自分の感性が独りよがりじゃないと自信になったりしました。

ベーシストでプロデューサーの亀田誠治さんと食事をしたときにも、Ｅ７の話で盛り上がりました。以前、彼がラジオでＥ７のことを「青春コード」と呼んでいるのを聞いて、一度話したいなと思っていたんです。

僕は、こんなふうに最初に見つけた答えで〝法則〟をつくって決めつけてしまいます。これが学者さんだったら証明しないといけないので話は違ってくるんでしょうね。でも僕はつくる人だから、まちがっていてもまちがっていなくても、自分はこれで行くんだという答えを得たら、それで突き進めばいいんです。

時間が経ってそれがまちがっていたり、軌道修正が必要だったりすれば、その都度直せばいい。答えは、バージョンアップしていけばいいんです。

4 ひとつのものを深掘りすれば全体がわかる

僕は野茂英雄投手が大好きでした。野茂が大リーグに行ってから、大リーグを観るようになって、彼を通して大リーグを知ることができたんです。

野茂投手が紹介してくれた大リーグ

最初に知ったのは、ロサンゼルス・ドジャースのトミー・ラソーダ監督の存在でした。この人が野茂のことを気に入ってくれて、ずっとケアしてくれたんですね。

そして、次に知ったのがキャッチャーのマイク・ピアッツァ。この人、野茂のワンバウンドのフォークボールを逸らさずに捕ってくれるんです。しかも自分のプロテクターに当てて捕る。さらに、打席に立てばすごいホームランを打つ。それも野茂が投げる日によく打ってくれて、僕なんかは「なんていいやつなんだ！」と思っていました。

それとは逆に、内野手のホセ・オファーマンという選手のことは、野茂が投げている日によくエラーをするのですぐに覚えました。

味方のピッチャーの成績も気になり出しました。野茂よりよかったら、野茂がローテーションから外されてしまうんじゃないかと思ったからです。そうやって、僕はそれまで無縁だった大リーグの選手の名前をどんどん覚えていきました。

次の段階になると、対戦相手の他球団の選手についても知っていくわけです。野茂からよくホームランを打つバッターなどです。名前も、成績も、球場の名称だって覚えた。こんなふうに野茂選手が僕に大リーグを紹介してくれました。

ひとりのアーティストから広がる世界

音楽の世界も同じです。ひとりのアーティストを深く知ろうとするだけで、世界は広がっていきます。好きなアーティストが影響を受けたアーティストには、自然に興味が湧くものですよね。

ライバルも然り、です。たとえば、自分が好きなアーティストがチャートで二位だったとしましょう。「なんで一位になれないの？」と考えたときに、一位のアーティストのことが当然気になります。そこで今の音楽の流行りだとか、好きなアーティストの立ち位置だとかがわかってくる。

残念ながら、今はチャートがなんだかはっきりしなくなっていて、音楽が横に広がりにくいなと感じています。

5 部分を見ることで、本質がわかることもある

たとえば、歌詞の秘密を知りたいと思ったら、方法のひとつとして一、二行目を見て、三行目以下を隠します。そして自分ならその先に何を書くか想像します。自分は三行目に何を書くんだろうか、自分だったらきっとこう言うだろうな、そんなことを考える。そうして三行目を見ると、素晴らしい詩は想像もしないほうに展開しているものです。その飛び方などから学べることがいっぱいあります。

少しずつ見る、スネアだけ聴く

槇原敬之の「SELF PORTRAIT」[*1]（一九九三年）という曲では、「♪忙しくしている僕を／わかっているのにわざと／電話してくるみんなが～」という詩がありますが、そのあと「なんて続くと思う？」と周囲に聞けば、だいたい「鬱陶しい」とか、そんな言葉を予想するんです。でも槇原くんは「大好き」と続けた。

途中までを隠して見ていくことで、そういう言葉のねじれ方、その効果が僕にはよくわかりました。

サウンド（その音楽の演奏の全体像）に関しても、たとえばドラムのキックだけ、スネアだけ、あるいはベースだけを、一曲全体を通して聴いてみたりすると、いろんなことがわかってきたりするんです。

＊1　巻末の「引用歌詞出典一覧」に出典記載。以下同。

ゴルフがうまくなりたければ腰を見る

僕はゴルフが好きなんですが、前述したことと同様に、スイングも全体を見ているとなかなかつかめません。多くの人は、ボールが飛んでいく方向だったり、スイングするときのクラブヘッドだったりを見ています。だけど、ゴルフのスイングを知りたいんだったら、どこか一部分を見るといいです。

たとえば、試合のビデオなんかを見るときに腰だけを見てみるとか。選手の腕やクラブを手で隠して腰に注目していると、思ったよりゆっくり動いているとか、水平に回しているとか、ボールに当たるときに腰はけっこう開いているなんていうことがわかります。

部分で見ると、全体を見たときには見えなかったところに気づくことがあるんですね。気づいたことを体得するには当然練習が必要ですが、理屈がわかってやるのと、そうでないのとではおのずから結果が違ってくるのではないかと思います。

⑥ 意識して逆から見る

天才的な人というのは、意識しなくても物事を逆から見ることができます。僕はそれが自然にはできないから、意識して逆からものを見たり考えたりする癖をつけています。

槇原敬之くんや松任谷由実さん、井上陽水さんたちのようなアーティストは〝ねじれ〟を自然に表現できるんです。そして、そのねじれたところが、歌詞のキュンとくる部分なんです。

ねじれっぱなしの歌詞

槇原敬之の「もう恋なんてしない」[*2]（一九九二年）という曲の歌詞はねじれっぱなしです。「♪君がいないと何にも／できないわけじゃないと／ヤカンを火にかけたけど」、その続きが「♪紅茶のありかがわからない」と、「君」がいないと困ってしまうことを表現しています。「♪ほら朝食も作れたもんね／だけどあまりおいしくない」という歌詞も、ふつうなら「君が作ったのならおいしいのに」と思うところを、「♪君が作ったのなら文句も／思いきり言えたのに」となる。

この詩を急遽仕上げることになって、ふたりでカフェに行きました。「♪もう恋なんてしないなんて／言わないよ／絶対」というフレーズをサビの最後にするのは決まっていました。一番のサビの詩では「♪もし君に1つだけ／強がりを言えるのなら」のあとに「♪もう恋なんて〜」が続いていました。ところが、二番の最後では「♪本当に／本当に／君が大好きだったから／もう恋なんて〜」と槇原くんがノートに書いたんです。それを見たとき鳥肌が立ったのを覚えています。

予想を裏切られるところに感動が

こういうねじれ方というか逆説的発想は、槇原くんにとってはふつうの感覚かもしれないんですが、一般的にはなかなかそんなふうには考えられないんですね。だから僕は、わざと逆に考えることを意識するようにしているんです。

みんなが期待していること、予想できることをどれだけ裏切れるかが、感動を与えられる原点だと思います。お笑いの人たちも似ていますね。予想される答えと逆の、意表を突くこと、裏切ることを言うと、みんな笑ってくれます。

たとえば「また会いたい」という詩をいろんな人がつくって歌っていたら、「会いたくない」という詩をつくってみたくなります。でも「嫌いだから会いたくない」はふつうだから、「好きだからもう会いたくない」というふうにしないと意味がない。では、好きだから会いたくないというのはどういう状況、心情ならそうなるのかと考えていく。そうやって突き詰めていって、歌詞を考えるのが楽しいですね。

ふつうの人は逆から見ることを心がけないと、おもしろい発想が出てこないんです。

ＣＤが売れない時代です。「だったらＣＤ売ってやろうじゃん。売れればみんな驚いてくれるじゃない」と考えたり、一方で「ライブでしか聴けないほうが希少価値が高まるから」とCDを出さないことにしてもいいんじゃないかなどと、逆の発想をするといろいろなアイデアが出てきてワクワクします。

サウンドに関しても一緒ですね。バンドが流行っていたら、逆にピアノの弾き語りを考えるとか、ひずんだギターが流行っていたら、アコースティックなサウンドをやるとか、反対のことを考えてみるんです。

7 自分の感性を信じることが大事

感性というものはとりとめがなく、そのへんに浮いている雲みたいなもので、つかみどころがありません。いいと感じた最初の段階では、そこに理屈なんてありません。

スターバックス成功秘話

スターバックスコーヒーを今の形に展開した、元CEOのハワード・シュルツという人は、まさに自分の感性を信じ切った人です。

彼はアメリカンフットボールの奨学金で大学を出てから、いくつかの会社を経て、当時コーヒー豆を売るだけの会社だったシアトルの「スターバックスコーヒー」に入社しました。

あるとき、出張先のイタリアで飲んだ、コーヒー・スタンドのエスプレッソやカフェラテに感動したそうです。そして「このイタリアのコーヒー文化を取り入れれば、僕の感動をアメリカの人たちに味わってもらえるに違いない」と思いました。

その思いを信じて、彼は「エスプレッソを出すお店をつくろう」とオーナーを説得しました。同じコーヒーを他の大勢のアメリカ人の旅行者もたくさん飲んだと思うんです。なかには美味しいから店を出そうと考えた人もいたかもしれません。でも、実際に行動に移した人はどのぐらいいたでしょうか。シュルツは、実行したんです。

そこまで自分の感性を信じられる強さとは、いったい何なんでしょう。ものをつくる人間はみんなどこか揺らぎがあって、いつも不安でしょうがないはずなんです。だけどこの人は、信じたままに突っ走りました。

ところが、会社はあくまでも豆を売ることにこだわって、カフェをやらせてくれたのはたった一店舗だけ。全国展開なんてとんでもないというスタンスだったようです。

それで彼は会社を辞めて、投資家を集めた。その投資家のひとりはあのソプラノサックスのケニー・Gですよ。今、きっと大金持ちでしょうね。

シュルツはそののちにスターバックスコーヒーを買収して現在に至るわけですが、最初の思いを信じ続けたうえでつかんだ成功なんですよね。

音楽プロデューサーのいちばん大事な仕事

こんなふうに強く信じ続けられる人は稀です。自分の感性を信じることは、本当に難しいからです。だけど、信じなければ成功はおぼつかない。うまくいかない人はみんな、自分の感性を疑いながらやるからなんだと思います。

そう考えると、音楽プロデューサーというのは「自分を信じていいんだよ」とアーティストに言ってあげて、その感性に自信を持たせることが、いちばん大事な仕事かもしれないですね。

信じたことを諦める前にすべきこと

たとえばアーティストが、「俺はドラム（の音）がでっかい音楽が好きなんだ！　そういうのをつくるんだ！」と思ってそういう曲を世に出して、それがうまくいかなかったとします。すると人にいろんなことを言われます。「ドラムしか聴こえないじゃん」とか「歌が聴こえない」とかね。

でも、そこでドラムを小さくしてしまうのはダメ。でかいドラムは貫き通すべきなんです。

でかいドラムでうまくいかなかった理由を探して、改善すればいいんです。歌が小さく聴こえるせいかな、コードがわかりにくいからメロディがはっきりしないのかな、いやいやメロディ自体がよくないのかな……理由は必ずあって、だとすれば解決方法もあるはずです。

だから、一度うまくいかなかったからといってすぐ諦めてしまう、最初に信じたことを変えてしまう人というのは、結局何もつかめないまま終わってしまうような気がします。信念を持って突き進めた先にこそ成功があると思います。

これは音楽だけでなく、あらゆる仕事について言えることでしょうけどね。

⑧ 人がつくったものには意図がある

僕は音楽をつくっていますが、人間がつくるものは誰かが何かを意図して、その結果として完成しています。服でも時計でも、何でもそう。たとえばノート一冊でも、こういう形で、こういう表紙でと、何かの意図の上につくられている。僕はそれを知りたい。興味をひかれたところから見えてくる世界観がものづくりのうえでとても参考になるからです。

車にもグラスにも曲にも意図がある

この車カッコいいなと思ったら、まずその車に乗ってみたいと思う人がいます。でも僕が最初に思うのは「どういう発想を基にしてこの車はできたんだろうか」ということ。

お酒を飲んでいて、ふと手元のグラスのことが気になったりもするんですね。「どんな会議で、どんなイメージを基に話し合えば、こういうグラスがつくられるんだろう」と。ものには、必ずつくった人の意図があると思うからです。そのことをいろいろ想像するのはすごく楽しいです。

音楽も同じです。ふつうに聴いているだけでは気づかないこともあるでしょうけど、分析しながら聴いていくと、そこには今までにないアイデアが組み込まれていたりする。そこから、つくっている人の考え方や気持ちが見えてくるんです。

作品づくりの意図がわかれば、どんな考え方で、どのように作業を進めていったのかも推測できます。そうすれば、それらを楽曲のプロデュースにいろいろな点で取り入れ、生かすことができるんです。

どうやって説得したんだろう？　ものづくりは過程がすべて

音楽をプロデュースする立場としては、世に出ている作品を見聞きするなかで、気になることがたくさんあります。

最近だと、King Gnuの「Ｖｉｎｙｌ」という曲のミュージックビデオで、ベッドの上で下着姿の女の人がボーカルの人に乗っかっていて、それがけっこう衝撃的な映像だったんです。どんな感性がこれをつくったのかっていうところに、僕はすごく興味が湧いたんですよね。それと同時に、そこに至った過程がどうだったのかも知りたくなりました。本人がやりたいと言ったのか、あるいはスタッフがやろうよと言ったのかはわかりませんが、もしアーティストが乗り気じゃなかったとしたら、それをどうやって説得したんだろうと、その過程も気になったんです。

音楽的なことなら、自分で調べればいくらでもわかるんですけど、マネジメント的なことは調べてもわかりません。どうやったら自分のアイデアを「それいいね」と言ってもらえるんだろうとか、そのための方法論みたいなのは知りたいですね。

おそらく相手との関わりや、信頼関係のつくり方、愛情を感じてもらえているかなど、いろいろな要素が混じって「あ、木﨑さんの言うことといいよね。やってみたい」って気持ちになるんだろうと思います。

作品は形になって表現されるまでに、本当にさまざまなストーリーを経ているはずですから。何かを意図してつくり始めて、完成にたどり着くまでのその過程にもまた、ものづくりの秘密が詰まっていると思います。

⑨ものをつくるということ

アーティストから曲が上がってきたときに、「こうしたらいいんじゃない？」みたいなことを言うと、「どうやったらそういう聴き方ができるんですか？」と逆に聞き返されることがあります。

自分では特別な聴き方はしていないと思っています。でき上がった曲を聴くとき、詩と曲をいっぺんに聴くというのは実は難しいので、まずはメロディに集中。単純にいいと感じるか否か、何か足りないものはないか、盛り上がらない箇所はないか、ちょっと地味だなとかスケール感がないなとか、そんなことを考えるわけです。そのあと、メロディと同じように詩を捉えて、またいろいろと考える。

おそらく多くの人と同じ聴き方だと思います。それはすごくもう当たり前に、ふつうに聴くんです。

もっといいものをつくりたいという視点

曲を聴いたときに「いいな」と感じるところと、物足りなさや違和感を感じるところがあります。

それで次に何をするかといえば、当然のように物足りなさや違和感の原因を突き詰めるわけです。すると「もっとここをこうしたらいいんじゃない？」「ここを変えてみたらどう？」ということになったりします。粗探しというわけではないですが、もっといいものをつくりたいと思うと、おのずとそういう視点で見ることができるようになります。

たとえばケーキを食べることにしても同じです。どんなケーキを食べても「美味しいね」で終わると、それ以上の美味しいケーキはつくれません。でも、思ったより美味しくないなと感じれば、じゃあ何が足りないのかと考えます。それによって、より美味しいケーキがつくられていく。

ものをつくるということは、つまりそういうことです。目の前にあるもののすべてを受け入れてしまったら、それ以上のものはつくれない。このコップ持ちにくいなと思うから、人の手になじむコップがいつかつくられるんです。

もちろん、一般消費者なら「これはよくないからもういらない」と突き放してしまうこともできます。洋服なんかに関しては、僕だってそう。好きじゃないなという部分がちょっとでもあれば、買わない選択をすればいいだけです。でも、つくり手の立場であれば、そういうわけにはいきません。

もっとよくするのにはどうしたらいいんだろう、さらにいいものにするには何をすればいいんだろう、そんなふうに考えていくので作業はなかなか終わらないんです。

このサビはキュンとはくるけどなんだかあっさり感じてしまう、ということはサビに入る前の前半にもっと起伏をつけたほうがいいんじゃないか、八小節のなかでいろいろ試してもまだ物足りなければもう四小節加えたほうがいいんじゃないか、コーラスを工夫したらどうか……と、方法はいくらでも思いつく。

僕が「こうしたらいいんじゃない?」って言ったことを実践して、やっぱりよくならないということももちろんあります。そのときは本当に「だから何がいけないんですか?」という話になるわけだけど、そこからさらにどうすればいいんだろうと考えていくしか、解決法はないんですよね。

第二章「新しいもの」とは新しい組み合わせのこと

1 「新しいもの」とは新しい組み合わせのこと

ビリー・ジョエルの初来日公演を、中野サンプラザで観ました。一九七八年のことです。音楽はレコードで聴いていた通りだったけど、演奏スタイルが斬新で、それまでのシンガーソングライターのイメージとはかけ離れていました。ピアノの上で暴れたりと、エンターテインメント性が高くて、今まで見たことのないパフォーマンスがおもしろかったですね。

ただ、僕が何より気になったのは、その服装です。ウールのジャケットにジーンズ、そしてスニーカー。そんな組み合わせを見たのは、ビリー・ジョエルがはじめてでした。ウールのジャケットだったら、ウールのパンツで、それに革靴を合わせるのがその当時はふつうでした。ジーンズとのマッチングにちょっと驚きましたね。

それは僕にとってすごく新鮮で、常識破りの組み合わせでした。ウールのジャケットもジーンズも昔からあるものなのに、そういう組み合わせは誰も考えていなかったんですね。世の中に新しいものなどなくて、新しい組み合わせが、新しいものになると気がついた瞬間でした。

常に新しい組み合わせを〝実験〟する

音楽もそうなんです。伊藤銀次さんと仕事をしていたころ、僕は音楽をジャンルで分類して聴く習慣がありませんでした。でも彼は音楽を形容する言葉をたくさん知っていました。「これは打ち込み（コンピュータ・プログラミングのこと）のモータウンだよ」みたいな、そういう言葉がすごく新鮮でしたね。

とはいえ、打ち込みもモータウンも、それぞれポピュラーな音楽形式としてすでに存在していたわけです。新しい音楽とは、つまり違うジャンルの音楽の組み合わせだったりするんですね。

だから音楽をつくることは、組み合わせの実験でもあります。

ただ、アーティストは命がけでやっているわけだから、〝実験〟という言葉に抵抗感を持つことがあるんですね。

でも僕は「新しいことをやらなかったら聴いてもらえないよ。だから、いつも実験なんだよ」と言い続けていました。

新しい組み合わせを〝実験〟していくのが、新しい音楽をつくるということです。時代が変わればいろんな条件が変わって、そのつど新しい組み合わせを世の中が必要としています。模索し、発見しなければなりません。

柔軟な発想で、強引に結びつけてみる

博報堂の関西支社にすごい人がいました。僕が会ったとき彼は、大阪と東京にある「SABAR」というレストランと組んで、サバを流行らせるべく奔走していました。サバは魚の鯖。店名は、〝サバ〟と〝バー〟をくっつけたものですね。

なんでも、サバが流行ることによって、多方面で新たな宣伝が可能になると。たとえば、サバを食べに福井に行こう、なんてやれば、自治体が観光PRで動くかもしれないし、JRがCMをつくったりするかもしれません。そういう新たな需要を生み出す仕掛けを考えているのが、その人でした。

彼はまず「日本さば文化協会」というのを立ち上げたんですね。それをテレビに取り上げてもらって、ちょこちょこと話題づくりをしていました。

そうやって、とにかく結びつけるのが上手な人というのがいるんです。強引にでも、何でも結びつけてしまう。そういう人を見ていると、僕らの頭は思った以上にカチカチになってしまっているのかもしれないな、と。本当は、何でも結びつけられるんじゃないかなと思います。

②意外な組み合わせがおもしろさを生む

意外なもの同士を組み合わせると、おもしろいものができるんです。

そして、ふたつの距離が離れていればいるほど、おもしろいものができる確率が高くなると思います。誰もが想像できるふたつのものが合わさるよりも、まったく正反対のふたつがくっついたほうが、より多くの人を包み込める作品になる可能性があります。

距離があるほど作品の包容力が増える

アーティスト、歌詞、曲で三角形をつくります。するとそれぞれの距離が離れているほど大きな三角形になります。大きな三角形には、たくさんの人＝リスナーが入ることができるんです。

セクシーなアーティストに、セクシーな詩とセクシーな曲をつくっても三角形は小さい。だからセクシーなアーティストには、たとえばワイルドで男っぽい詩をつくる。そこに男らしいメロディをつけるのではなく、今度は女性らしい繊細なメロディを乗せてみる。相反するテーマをぶつけていくのです。

セクシーさというものは、アーティスト本人がすでに発しているものです。すでに醸し出しているものをなぞって言葉にしても、意外性がありません。

沢田研二さんをプロデュースしていたころ、歌詞を一般の人に募集したことがありました。

するとやっぱり、届くのはセクシーな詩ばかりなんです。「シーツにくるまって……」みたいなものが多い。

彼はすでにセクシーなアーティストだから、たとえば「君を抱きしめる」と歌えばそれだけで、もうベッドの上がイメージされるんだと思いました。ふつうはそうやってセクシーさを塗り重ねてしまいがちですが、アーティストのイメージに足りないものを歌詞にするほうが、作品に深みが増し、結果アーティストのいいところが出て、よりよい作品になる確率が高くなります。

ビートルズは存在がハイブリッド

音楽はすべてハイブリッドです。今でこそ〝フュージョン〟や〝ミクスチャー〟など、いろいろな言い方をしますが、それらも、もともとハイブリッドなものです。いつの時代も、かけ離れたもの同士が合わさって新しくなっていく。純粋な意味で新しいものなんてありません。

黒人が白人のつくった楽器を持ったところから、ハイブリッドはもう始まっていたんです。黒人がつくったジャズやロックンロールやR&Bやディスコを、白人はどんどん取り入れていきましたよね。

九〇年代にベックが出てきたときは、ボブ・ディランとヒップホップがくっついたんだなと思いました。

デジタルロックの先駆者と言われているジーザス・ジョーンズは、もともとハードロック・バンドだったんですが、タイに遊びに行って、ビーチのレイヴパーティでハウスミュージックを聴いてピンときたらしいんです。「あ、こういうグルーヴに自分たちのハードロックを組み合わせてみよう」と。

ビートルズは、バンドの在り方自体がハイブリッド。それまではプレスリーやリッキー・ネルソン、クリフ・リチャードのようなアコースティックギターを持って歌うソロシンガーがいて、バンドというのはバックバンドとして成立していただけなんです。だからビートルズが出てきたときは、バックバンドが歌い出した、バックバンドとボーカルがくっついた、という印象でした。

言うまでもなく、その音楽性もまたハイブリッドを大いに感じさせました。はじめて彼らの音楽を聴いたとき、僕はこの人たちは音楽をちゃんと知らないなと思ったんですよね。リトル・リチャードやチャック・ベリーやマディ・ウォーターズのようなブルースコードの音楽と、キャロル・キングやニール・セダカ、ポール・アンカなどのポップス系の音楽とが、一曲のなかに混在していたからです。

それ以前からアメリカの音楽をずっと聴いていた僕としては「こんなのダメだよ」と思いま

したが、それこそがあの時代のハイブリッドだったんですね。それを最初にやったのが、たぶんビートルズです。

味噌ラーメンとカリフォルニアロール

意外性のある組み合わせが、新しいものになっていくんです。正反対の組み合わせなんかもすごくいいですね。

消しゴムつきの鉛筆みたいなものです。書くものとそれを消すもの、どちらもすでにあったものなのに、正反対のもの、まったく違うものが合わさることでハイブリッドの新しい製品が生まれる。

味噌ラーメンもそう。日本人が、中国の麵料理を発展させたラーメンに味噌を入れたわけですが、中国人は怒ったんじゃないかな、「何これ?」って。でも、それと同じように、日本人も最初にカリフォルニアロールを知ったときは邪道だとバカにしたはずです。お寿司にアボカドを入れるなんて、考えもつかないことでしたから。

そうやって柔軟な考え方で、思いもよらないものが組み合わさって新しいものが生まれていきます。最初はだいたいまがいものだとバカにされるんですが、そこから次第に受け入れられていく。

だから、新しいものを創造する人はいつもなかなか認められず、孤独を感じることが多いと思います。思い込みの強さと、批判に耐えうる精神的強さがないと続けられないですね。

人間は本来、ハイブリッドなものを求めているのではないでしょうか。若者が旅に出るのは、本能的に自分と違うものを求めているからではないかと思うんです。知らない世界を知りたいという気持ちもあると思いますが、より優秀な子孫を残すために、自分と遠い遺伝子を求める旅でもあるような気がします。

突き詰めて考えれば、ロケットを打ち上げて宇宙に行く原動力というのも、実はそこにある気がするんです。自分の遺伝子と遠い遺伝子を求める旅です。最近の日本の若い人が旅をしないのは、そういう本能的なものがだんだん薄れているからなのかもしれません。

3 ストーリーがあると新しい価値が生まれる

ディズニーランドにはいろんなことを教えてもらいました。ディズニーランドは世界一の嘘つき。すべて虚構の世界。いい意味で、非日常の世界が展開しています。そのファンタジーの世界を求めて、誰もが足を運びます。ディズニーランドのような世界を、僕らは音楽でつくらなければいけないんだと思いました。

ミッキーマウスが怖くないのはなぜ？

まず、ミッキーマウスなんていう、あんなに大きなネズミは存在するはずがない。でも、みんなが「かわいい」と言いますね。

ミッキーの初登場はアニメ映画です。それがコミックになって、他の人気キャラクターも増えて、じゃあ遊園地をつくろうとなった。ミッキーはもちろんメインです。なかに人間が入るから、そりゃああの大きさになりますけど、サイズ感は悩んだんじゃないかと思うんです。冷静に考えたら、あれは怖いに決まっている。

うちの子供を最初に連れていったときも「怖い」と言っていましたから。でも、ファンタジーの世界観がしっかりしているから、あの大きなネズミがかわいくなってしまう。すごいことです。

ストーリーにお金をかける、ストーリーにお金を払う

ジェットコースターも同じです。他の遊園地では、ただ機械が置いてあるだけで、物語が、背景がない。僕はそこに心の貧しさを感じてしまうんです。でも、ディズニーランドのジェッ

トコースターにはストーリーがある。

ビッグサンダー・マウンテン。あれはジェットコースターと呼んでいいのかどうか、とにかくあんまり怖くないんですが、コンセプトがしっかりあるから楽しいんです。

廃坑を暴走するというストーリーができて、トロッコの形や駅はどうするかと考えて、いろんなアイデアのもとに設計図をつくったんでしょう。そして、そこに莫大なお金をかけた。ストーリーをつくり上げることに意味があるとわかっているから、お金をかけられるんですね。

ニューヨークの「アメリカ自然史博物館」で、動物の剝製を見たときも同じように思いました。背景に平原や山の絵があって、手前には本物の木が何本も植えられていて、落ち葉が敷き詰められた上に剝製が展示してあったんです。その動物の物語が見て取れますよね。

ヨーロッパのハイブランドなんかもそう。なんであんなに高いの？　って思うけど、品質もさることながらストーリーがあるからなんです。それがブランドの価値をつくっていて、僕らは要するにストーリーを含めて商品を買うんです。

ライブにもストーリーを

背景をつくる、ストーリーをつくる、それは僕らの仕事でもあります。

ライブでは、楽曲自体がディズニーランドのジェットコースター本体のようなものだとすると、そこにストーリーと背景を加えることでファンタジーの世界を構築することができます。そうなれば何倍も楽しいし、同じ楽曲もまた違ったふうに聴こえます。だから、ストーリーづくりは大切だなと思います。

4 引き出しは多ければ多いほどいい

新しいものは新しい組み合わせによってつくられる。だけどその組み合わせを発想することは、そんなに簡単なことではありません。そのためにはいろんなことを知っていなくてはならない。引き出しは多ければ多いほどいいのです。

あらゆることが発想のヒントに

服、野球、テニス、ゴルフ、ディズニーランド、江戸末期、映画、本、食べ物……僕はいろんなことに興味がありますが、あらゆることが発想のヒントになると思っています。

あるとき、大リーグの試合で、選手全員が四二番の背番号をつけてプレーしていました。これは、ジャッキー・ロビンソンという大リーグではじめての黒人選手の背番号だったんです。

かつて黒人は差別され、ニグロリーグ（Negro League Baseball）でやるしかなかったんだけど、彼は実力で大リーグの扉をこじあけ、優秀な成績を残したんですね。現在、四二番は全球団共通の永久欠番になっていて、毎年四月一五日は「ジャッキー・ロビンソン・デー」として、全員が四二番をつけるそうなんです。それを観た子供たちは父親に「パパ、なんでみんな同じ背番号を付けてるの？」と聞きますから、そこで父親は大リーグの歴史のひとコマを教えることになるんです。こうやって大リーグは、自分たちで歴史を語り継いでいるんですね。

歴史は自らが語るべきものなのだと気がつきました。

山下達郎さんのコンサートを観にいったとき、MCでこんなことを言っていたんです。「昔、はじめて大阪までライブしにいったときに、びっくりしたことに喫茶店みたいなところで、ステージもなくてそこの通路でメンバー縦一列になって演奏しました。そこでやった曲やります」と。

そうして演奏されたのが「DOWN TOWN」。この曲の背景を知らないファンの人にも達郎さんの歴史、ストーリーが感じられて、アーティストの奥行きが見えてきますよね。

大リーグの「ジャッキー・ロビンソン・デー」の応用というわけでもないですが、音楽のフィールドでも、プロフィールはアーティストが自ら語るべきだと思いました。

今と変わらない日本人の姿

「江戸末期」にも興味があります。当時、外国の人がいろんな理由でたくさん来日して、一年ぐらい滞在したあとにフランスやイギリスやデンマークなどに帰って、紀行文を残しているんです。

イギリス人、イザベラ・バードが書いた『イザベラ・バードの日本紀行』あたりは有名ですが、そういう本がたくさん日本語に翻訳されています。政治的なものではなく、ごくふつうの日本人とその生活について書かれた本で、世界基準で見た当時の日本人の特徴というのがよく出ているんですね。

たとえば、みんな笑顔でギャグばっかり言っていて、ちょっと子供っぽいなとか、茶店がたくさんあって、農民もお茶を楽しんでいたとか。ヨーロッパではあり得ないことだったみたいです。伊豆に出向いたとき、喉が渇いて食べ物もなくなったので「食べるものを分けてください」と農家で分けてもらって、お金を払おうとすると「けっこうです」と誰も受け取ろうとしなかったとか。

今の日本人とあまり変わらないんだと思いました。日本でスターバックスが流行るのも、当時の農民が茶店でお茶するのが好きなのも同じなんだな、と。

ただ、江戸末期に思うあれこれは、まだ音楽には応用できていないんですけどね。

5 切羽詰まると見えてくるもの

新しい組み合わせは、時間をかけて考え抜いた末に生まれるとはかぎりません。むしろ時間がなくて「いや、これは困ったな」と切羽詰まっているときに結びつくことが多い気がします。溺れる者は藁をもつかむという感じですね。

電柱の看板

以前、歯が痛くなったときがあって、そういえば電柱に歯医者さんの看板が付いていたなと思い出して、電柱を気にしながら車を運転したことがありました。そうしたらちゃんと看板があって、車を止めて、電話番号をメモして、公衆電話を探して電話して、無事にその歯医者に行くことができたんです。

いつも通っている道だったのに、僕はその看板の歯医者さんの名前は、まったく記憶にありませんでした。

不動産屋だってそうです。引っ越しをしたいなと思ってはじめて、不動産屋の看板が目につくようになりますからね。

人は自分が必要とするものが見えているだけなんじゃないかと思います。特に切羽詰まっているると、求めているものに気づきやすいということです。

よく「私、ボキャブラリーがないんでうまく話せないんです」と言う人がいますね。でも、その人は本を読めるし、言葉の意味もわかっている。だから僕は言うんです、「でも、その言葉を読めるし理解できるでしょう。ただその言葉を使って言いたいことがないだけだと思うよ。ボキャブラリーがないわけじゃないと思うよ」って。

その言葉を欲していれば、たとえば本のページにそれが書かれていたら見逃さないと思うんです。そしてきっと忘れない。求めていれば、見えてくる、聞こえてくる、そしてつかめるものが多くなると思います。

コンビニのヒントから生まれた曲

松田聖子さんのプロデューサーだった若松宗雄さんが、新曲のレコーディングを済ませた帰り道に、次のシングルをどうしようかすごく考えていたそうなんです。

当時は年に三枚も四枚も出すのがふつうだったから、制作に関わる人間は常に時間に追われていました。

これは実際に若松さんから聞いた話です。

「次の曲のことをいろいろ考えながら、翌日の朝ごはんを買おうとコンビニに入ったの。すると流れていたBGMにピンときて、この曲調次のシングルにいいんじゃないかと思いついたんだよ。それから雑誌を立ち読みしていたら、〝夏カラー〟と書かれた見出しが目に飛び込んできて、色をタイトルに入れるのもいいかもしれない、と思いついて次の曲のアイデアがまとまったんだよね」

もし切羽詰まっていなければ、きっと素通りしていたはずですね。ただのBGMだったはずの曲が、こちらが「つくらなきゃ」と焦っていると、ふと求めているものと結びつくことがあるんです。

どんなものでも考えれば結びつかないものはないんじゃないかな、と思います。切羽詰まっていると、そのふたつを結びつける接着剤みたいな要素をおそらく見つけやすくなるんでしょうね。

結局、人間って本当に欲しいと思っていれば、それをちゃんと見つけられるんですよね。逆に言えば、欲しいと思っていなければ見逃してしまうものだと思います。

ギリギリの勢い

切羽詰まると見えてくる。そう考えたら、死を意識して生きている人はいろんなものをつかめるように思います。たとえば余命宣告を受けたら、その瞬間から急に濃い人生になるでしょう。ギリギリのところで生きているエネルギーは、いろんなものがスローモーションで感じ取れて、はっきりと的確につかみとることができるんだと思います。

僕の知っている人のなかでは、BUMP OF CHICKEN の藤（藤原基央）くんは、いつもどこかで死を意識して生きている気がします。自分で追い詰めたくてそうしているわけではないんだろうけど、彼が生きる環境であったり、そもそもの生き方であったりが、そういう切羽詰まったもののなかにある感じがするんですよね。彼にはいろんなものが切実に見えていると思います。

求めていれば、見えてくる

僕が BUMP OF CHICKEN のプロデュースを始めたころ、何人かの知り合いに「またこんないいバンド見つけられて、木﨑さんはラッキーですね」みたいなことを言われました。そのとき、僕はちょっとムッとしたんですね。なぜなら、ラッキーという一言で片づけてしまうのはあまりにも短絡的だと思ったからです。

別の人にも同じことを言われたとき、こう言いました。

「違うんだよ。こういうバンドに巡り会いたいと具体的に頭のなかに描いていたから、出会ったときに見逃さなかったんだよ」と。

興味のあるもの、自分が頭のなかでイメージしているものには、出会ったらすぐに気づくものだからです。

僕はミック・ジャガーにもジョン・レノンにも会ったことが——正確にはすれ違ったことが、あるんです。彼らが好きで、僕の頭のなかにはその像がしっかり描かれていたから、見かけたときにすぐわかりました。逆に、向こうは僕を知らないわけだから、まったく印象に残っていない、つまり僕のことは見えていないも同然だったはずです。

要は、アンテナを立てていれば、欲しいものが引っかかってくるのだと思います。

グローバルなマーケットを思い描いていたら

二〇一九年の夏のころだったと思うんですけど、夜中にツイッターのタイムラインを見ていました。

僕はよく、自分が関わっているアーティストのツイートを見ているんです。どんなことに興味があるのか、今の心の状態はどんな感じなのか、何をしたいと思っているのか、そんなことが見えてくるからです。ときとして、そのつぶやきのなかに「それを詩にしたらいいんじゃない？」というヒントを見つけることもあります。

その夜、たまたまですが、あるインディーズのアーティストのツイートが目に入ったんですね。なんだか気になって、そこに貼られていた曲を聴いてみたんです。

僕はそのバンドに興味をひかれました。まず、女性ボーカルの声や歌い方がいい。歌詞が英語で発音もよくて、メロディのつくり方にセンスを感じたんです。

ストリーミングの時代になってから、日本の音楽も外国の人に聴いてもらえるチャンスが増えてきています。CDが売れない今、グローバルなマーケットを意識しなければ、と思っていました。ちょうどガラパゴス化した日本の音楽に飽きていて、もともと洋楽が好きでいろいろと研究していたので、心にひっかかったんですね。

僕は感想をダイレクトメッセージで送りました。

二日後くらいに、返信がありました。アーティスト本人ではなく、事務所のマネージャーさんからで、「ぜひお会いしたい」と言ってくれたんですが、バンドはすでにその事務所に所属していて、メーカー（レコード会社）も決まっているとのこと。だから自分が関わる余地はもうないだろうと思いつつ、まずマネージャーさんとレコード会社の方と会って話をして、後日メンバーにも会うことになりました。

そのバンドの名前はＦＡＩＴＨと言います。メンバーと話をしていくうちに、好きな音楽や方向性が似ていることがわかって、海外で流行っている曲のことや、曲づくりのテクニックについても少し話しました。会話が楽しく弾んで盛り上がり、一緒に作品づくりをしましょうという流れになりました。

自分が頭のなかに描いているものがあると、見逃すことなく出会えるんだと改めて思いました。

⑥ 経験が邪魔をすることもある

多くの人にとって、中学生、高校生のころに聴いた音楽がいちばん衝撃的だったと思います。音楽知識も経験もなく、何かと比較することもなく、そのままズバッと全部を受けとめてしまう体験です。そのあとに出会っていく音楽は、やはり最初の経験と比較しながら聴くことになってしまいます。

もちろん、僕も同じです。だけど、なるべく過去の作品と比べないように、ありのままをドンと受け取るようにしようと心がけています。

無理やりでも新しいものを

人は保守的ですから昔好きになった曲はずっと好きだったりします。そのことに僕はすごく怖さを感じていました。音楽を仕事にしているので今を感じて、今を生きたいと願っているからです。だから昔の自分が好きだった古い音楽を、ずっと聴かないようにしていました。

ただ、ある程度の年齢になったときに、もう聴いても大丈夫かなと感じるようになりました。それは昔の曲を聴いたときに、今の感性で受け止められたからです。古くさいと思うところと、今でもいいと感じるところを客観的に聴き分けられたから。

ちょうどそんなとき、ポール・マッカートニーのライブに行ったんです。

新曲、よかったんです。すごくよかった。ちゃんとアップデートしていて、今っぽい感じになっている。だけど、明らかに客席からの拍手が少ないんですね。どうしてみんながこれをいいと思わないんだろう？　そのときに考えたのは、音楽は聴き手の世代のものかもしれないな、ということです。

ポール・マッカートニーをずっと聴いてきた人には、こういう新しいアプローチは必要ないんだろうな、と。ポール・マッカートニーはがんばっていて、進化しているのに、聴くほうがそれを求めていないんです。

みんながポール・マッカートニーを聴いて「泣いた」と言っている意味もわかりました。その音楽に、青春の思い出が重なったから泣いたんです。感性がもう新しいものを必要としていないんですね。

一方では、人間ってそういうものなんだろうなとも思うんです。まっさらな青春時代に聴いた音楽がいちばんの衝撃で、あとはその思い出とともに生きるというのも、真っ当な生き方なのかもしれないな、と。僕の友人たちも、みんなそうです。彼らは昔聴いた音楽ばかり好んで聴いている。

だけど僕はやっぱりそれに抵抗して、無理やりでも新しいものを求めていきたいですね。泣くなら昔の思い出と重ね合わせて泣くんじゃなくて、新しい曲を聴いて泣きたい。こういう仕事をやっているからというのもありますが、単純に新しい感動や驚きを味わいたいからです。

慣れないことが新しいパワーを生む

一曲ヒットが出ると、そのつくり方が正解だと思って、ずっと同じ方法でつくってしまいがちです。でもルーティン化してくるとだんだん刺激がなくなってきて、いい曲ができにくくなります。ルーティンワークは楽かもしれませんが、ものづくりの敵なんです。

ピアノでつくっている人はギターを弾いてつくってみる、コードを弾かないでつくってみる、曲が先だった人は詩を先にしてみる、あるいはメロディより先にトラックをつくる、というふうに方法を変えてみると、刺激や緊張感が出てきて、結果新しいもの、いい曲ができる確率が高くなると思います。慣れないこと、初めてのことにトライして生じる新たな困難に立ち向かっていると、手が抜けなくなってそれまで以上のパワーが生まれるんですね。

ライブも同じです。同じ場所、似たような構成でやると、こんなものかと思ってしまって、テンションが上がらず、いいパフォーマンスができないことが多いんです。

曲のつくり方も、ライブのやり方も、経験していないことに身を置くことが大切です。魚釣りと同じですよね。釣れなかったら餌を変える、場所を変える、道具を変える。音楽においても、いろいろ変えていくべきなんです。

あるアーティストが、ライブには必ず新しいことを取り入れると言っていました。たとえば、それまでに弾いたことのないピアノに挑戦する。そのためにずっと練習をして、不安を抱えて本番に挑むと、ライブ全体が引き締まるそうです。

また、ある世界的なギタリストは、ギターを弾かない時期を設けていると聞きました。練習しないと思うようにギターを弾けなくなります。レコーディングをするときは、一から運指の練習を始めて、滑らかに弾けるようになったらバンドのメンバーを呼んでセッションをして、曲をつくるそうです。このことで初めてギターを弾いた時のフレッシュな気持ちがよみがえり、いい曲、いい演奏ができるということです。

固執しないことが大事

僕は行く店にはこだわりがあります。すごくこだわっていると言っていい。レストランでも洋服屋さんでもです。だけどずっと通い続けることはないですね。どこかで雰囲気が違ってしまって飽きてしまい、自然に距離ができてしまいます。

それは、そのお店のスタイルがずっと変わらずにいることで世界観が古くなってしまうとか、反対に肝心のスピリットが変化してしまうとか、そんな理由であることが多いです。僕が受け止めきれなくなってしまうと、さようならすることになるんですね。

だから風来坊のようにいつも店から店へと旅をしているような感覚です。ヤドカリじゃないですが、常に住む家を探している。それは面倒くさいことではあるんですね、また「こんにちは」と一から関係性をつくり上げなければいけないわけですから。

でも、馴染みの店ができてしまうのは、僕にとっては危険信号なんです。行けば同じものが出てくる、その安心にどっぷり浸かってしまうと進化できないでしょう。お店との別れがやってこないと、自分は退化しているんじゃないかという不安に駆られてしまいます。世の中は絶えず進化しています。だから、僕は〝常連さん〟にはなりません。

7 変わらないものと変わっていくもの

洋服のベーシックな好みはずっと変わっていないかもしれません。六〇年代かそれ以前のアイビーの服が原点です。

洋服というのは、どんなにスタンダードなデザインでも時が経てばそのときの〝感じ〟ではなくなります。変わらないように見えてデザインの細部は時代に沿って進化しているから、アップデートが必要なんですね。

デザイン以上にスピリットを求めて

五〇年前、僕は確かにアイビーの服を着ていました。その向こうにあったものが何だったのかというと、自由な空気であったり、カジュアルさであったり、ちょっと先を行っている感じや清潔感であったり、スポーティさであったりしました。たぶんそんなものが、アイビーというスタイルのなかにあったんですね。

僕が好きで求めていたのは、デザイン以上にそのスピリットだったんだと思います。一〇年経つと服のスタイルは古くなってしまいます。そうなると同じスピリットが宿っている違う服を探すわけです。

音楽もそうです。一〇代のころに聴いていたあの音楽、好きだったあの音楽のスピリットを今の新しい音楽に探しているんだと思います。

スタイルはもちろん変化しています。たとえば、今はヘッドフォンで聴くのが主流。だとすれば、必然的につくり方も変わってきます。でもそこにあるスピリットが同じであれば、僕はその音楽を聴きたいと思う。

変わらないために変わる

ラーメン屋さんの話でもよくありますね。「同じ味をつくるために、うちは味を変えている」って。時代とともに好まれる味は変わっていくから、少しずつラーメンの味をアップデートしているというやつです。

そういえばフランス料理も、最近の人は舌が繊細になってきているのか、昔に比べて薄味になってきているといいます。スピリットは変わらないけれど、形あるものは先へと進み変化していく。時代を超えて受け入れられるというのは、つまりそういうことなんだと思います。形は変わり、スピリットだけが残るんです。

第三章　人と仕事するということ

1 アーティストをまず肯定してあげる

プロデューサーにはじめて曲を聴かせるとき、アーティストはビビっていると思います。実は、僕もビビっているんです。いいところがなかったらどうしよう、褒めてあげられるところがなかったら何て言おう、と。でも実際はそんな曲はありません。どこか必ず、いいところがある。

アーティストの感性を認める

アーティストに対して、曲に対して、僕はいつもいいところを見つけてあげたい、味方になってあげたいと思っています。彼らのつくった作品を認めてあげるところから、アーティストとのコミュニケーションは始まります。

音楽をやるような人は、たいてい学校では落ちこぼれだったり、友達がいなかったり、ギターを一生懸命練習してうまくなってもそれをわかってくれる人もいなかったりするみたいです。そのうえみんなの知らないロックの古い曲を演奏すれば「なんでジャニーズとかやらないの？」などと言われたりもする。

そういう人の曲なり演奏なりのいいところを見つけて、「いいじゃない」なんて褒めると、みんな本当にうれしそうな顔をするんです。学校では褒められたりしたことがあまりないんでしょうね。認めてあげることが、すべての出発点です。

そして信頼関係が築き上げられて、アーティストの力量がアップして、ある程度自信が出てきた人にはよくないところを指摘して、もっとこうしたらいいとアドバイスします。あるいは実力がついてくると、アーティストから「ここはどうすればいいの?」と聞いてくるようになりますね。

アーティストにとって音楽は、学校の勉強と違って自習してきたものですから、自分のやり方に頑なな人は実際に多いんです。最初から素直にアドバイスを聞く人は少ない。だけど誰にも習わず、自己流で曲のつくり方、ギターの弾き方、歌い方を確立してきた人は、その個性で大成する可能性があるんです。柔軟な心で他人の意見にも耳を傾ければ、道は見えてくると思うんですよね。

理論的に正しいことと、感情的なこと

僕らの仕事は、自分が正しいと思っている方向にアーティスト、ソングライター、アレンジャー、エンジニア、グラフィックデザイナー等が動いてくれないと成立しません。

では、正論を言えばみんなが動いてくれるのかというと、そう簡単でもありません。人間には感情がありますから、プライドを傷つけてしまうとテコでも動かなくなってしまいます。理論的に正しいことと感情的なことの両方をコントロールできないと、人を動かすことはできません。

よくなくても褒めると効果がある

たとえば、アーティストのボーカル録りで、何度歌ってもフレージング（歌い回し。抑揚）がうまくいかない箇所があったとします。そこだけダメ出しをしていると、アーティストも気が滅入ってきて、どんどん雰囲気が悪くなってくる。

そんなとき、まずまずの歌が録れたら、「すごくよくなったよ」と明るく声をかけてあげるんです。すると、気分も変わるのか、次のテイクから急によくなることがあります。褒められて安心することで、のびのびと歌えるんですね。

正しいことを言うことで、必ずしも望む方向に導けるとはかぎりません。坂本龍馬は「俺は議論はしない、議論に勝っても人の生き方は変えられぬ」と言いましたが、議論に勝ったところでいい結果は得られない。正しいことを言っているときほど、相手の自尊心を傷つけてしまうものだと思います。

人を動かすことと、正しいことを言うことは違うんですね。人に納得してもらったうえで、プロデューサーが思った方向に動いてもらうために、理屈と感情の両方をコントロールすることが大切です。そのためにはその人のアーティスト性、作品などを認めてあげること、そこが始まりだと思います。

いいところにスポットライトを

アーティストと接して、ダメなところだけを見るのはよくないですね。最初にダメなところに目が行くプロデューサー、わりと多いんです。自分のほうが偉いと思わせたいからなのか、売れている他のアーティストと比較してしまうからなのか。

最初はみんなダメに決まっているんです。それでも、そのなかにちょっとだけ輝いているところがあったりする。まずはそこを認めてあげることが大切ですね。

今まさに売れているアーティストだって、欠点を見つけようとすればいくらでも見つけられます。でも、欠点があるから売れないんじゃなくて、いいところがあるから売れるんです。そのいいところにスポットライトが当たるような楽曲をつくり、プロモーションをすればいい。

そうやってうまく転がっていけば自信がついて、同じ歌でも違って聴こえてくるようになります。そうなるともう、アーティストらしく見えてきて、オーラが出てきますから。オーラって、自信の大きさとイコールだと思います。

② おもしろい歌詞を書く人は、独自の視点を持っている

ものを見る視点というものは、ある程度若いときの生き方で決まってくるんじゃないかなと思っています。歌詞を見て「そういうところを歌にするのか」と驚かされることがありますが、その気づき、目のつけどころというのは、その人が生きてきたなかでつちかった感性によるものだから、他人が真似しようとがんばってもなかなかできないことです。日常をどのように過ごし、そこから何を感じてきたかが、感性の基本になります。

一〇年本を読み続けて

曲に関しては、ある程度一緒にやっていくとどんどんよくなっていくんです。作曲には技術的な要素が多いからです。

だけど、言葉で表現することはそうじゃない。ものを見る視点を育てるのはその人自身でしかないし、それには時間がかかるんです。

たとえばですが、どれだけ映画を観てきたか、どれだけ本や漫画を読んできたか、そこで何を感じてきたか、そんな積み重ねが必要なんだと思います。

渡辺音楽出版（音楽出版社とは、音楽作品の著作権を管理し、音楽作品から得た著作権使用料を著作者に契約に応じて分配し、音楽の制作やプロモーションも行う会社）に入って制作の仕事を始めたとき、先輩に「木﨑も詩がわかるといいんだけど」と言われました。そのとき、ちょっと悔しかったんですね。僕はそれからの一〇年、ずっと本を読み続けて、映画を観続けて、それでやっと言葉のことや歌詞のことが少しわかるようになったんです。だからこそ、言葉の感覚は急に身につくものではないと思っています。

吸収できるものなら何でもいい。映画でも漫画でもアニメでも小説でも何でもいいんですけど、いろんなことに心が動かされるようにならないと、いい歌詞は書けないんじゃないかなと思います。

伝えたい気持ちの強さが大事

ただ、僕が言いたいのは、喋りや文章のテクニックがある人が必ずしもいい歌詞を書けるわけではないということです。自分の気持ちを伝えたいと強く思う人が、いつかうまく表現できるようになるんだろうなと思っています。

僕も窮地に陥ると、なぜかうまく言葉が浮かんできて、アーティストを説得できてしまうことがありますから。あれは何なんだろう。やっぱり、強く思うこと、願うことがまず大事なのかもしれませんね。

3 いい作品は〝ふつう〟のなかから生まれる

いいものにはだいたい定型があります。そのなかでいかに個性を表現していい作品をつくれるか、それが大事です。

ビートルズで言えば、ジョン・レノンやポール・マッカートニーはそうやって曲をつくっていたと思うけど、ジョージ・ハリスンはものすごく変わったコードを使ったりするんですね。そうしないと人と違ったものがつくれないと思ってしまうのではないでしょうか。変わったことをやりたがる人というのも、一定数はいますね。

ふつうの構成でいかに新しいものをつくるか

僕自身、若いときにはみんながびっくりするような曲をつくりたいと思って、変拍子でつくってみたり、コードを逆からつくってみたりと、実験的なことをいろいろやりました。一二音階を一八ぐらいで分けたらもっと変なメロディができるんじゃないか、とかね。突飛なことはいくらでも考えつくんです。

だけど結局は、〝ふつう〟のなかで変わったものをつくれないとダメなんですね。ふつうの構成、ふつうのコード進行のなかで人と違うものをどうやってつくるか、それができるのが才能だと思います。

俳句だって、五七五の制約のなかで新しいものをつくってきましたし、これからもつくられていきますよね。

ありきたりの筋書きに感情移入させる技術

ハリウッド映画は、その最たるものかもしれません。アクションでもサスペンスでも、必ずハッピーエンドになるとわかっているんだけど、何度もやられそうになる主人公に観客は感情移入して、最後までヒヤヒヤ、ドキドキしながら観てしまいます。そうやって映画に入り込ませる仕掛けが、ちゃんとあるということだと思うんです。

クールに見たらありきたりの筋書きでも、絶体絶命の主人公がどう切り抜けるかにみんな興味があるから、つくり手は偶然に偶然が重なるストーリーを考えるんですね。

たとえば『ロッキー』や『がんばれ！ベアーズ』も、弱いやつが強くなっていくっていうスポーツものの定型のストーリーだけど、みんな好きでしょう。

ロバート・レッドフォードの『ナチュラル』なんか最後にホームランを打つんでしたっけね。現実にはありえないような野球の試合展開で、演出だってとんでもなくわざとらしい。恥ずかしいくらいです。だけど、そのわざとらしさをわざとらしく見せない技術力が、作品づくりというものなんですね。ファンタジーである作品を本当のように見せるために、制作者は常に闘っているんです。

4 仕事相手のプロフィールは気にしない

歌詞を書く人、曲をつくる人、トラック（主にプログラミングによる伴奏）をつくる人、アレンジ（各楽器の演奏内容を決め、伴奏を形成すること。編曲）をする人……そういう仕事をする人たちのことを、僕はクリエイターと呼んでいます。

そのクリエイターさんたちは、人から紹介されることも多いんです。

有名無名より仕事のクオリティ

プロフィールや過去作品はあまり気にしません。僕がつくりたいテーマやコンセプトを理解してつくってくれるかどうかが重要なので、それ以外はあまり気にならないんです。

仕事をお願いして、でき上がってきたもののいいところを見つけ、足りないところがあれば指摘してつくり直してもらう。ときには何度も修正してもらうこともありますが、途中で僕からお断りすることはありません。足りないところを言い続けるだけです。

そのうち音を上げて来なくなってしまう人もいますが、つくり続けてくれる人もちゃんといる。つくり続けてその作品がすごくよくなったら、採用します。ただそれだけですね。

沢田研二さんやアグネス・チャンさんを担当していた当時は、詩をつくりたい人、曲をつくりたい人を自薦他薦で紹介してもらっていました。みんな新人でした。

「素人集めて何してんだ!」

松本隆さんは、そのころよく仕事をしていたエンジニアの吉野金次さんの紹介で、有楽町のカフェではじめて会いました。彼は「風街ろまん」という自分で書いた詩集を持ってきました。ナイーブで都会的で、今思うと村上春樹さんを彷彿させるようなクオリティでしたね。

歌謡曲の詩をつくりたいと言っていたので、「アグネス・チャンの詩を書いてみる?」と聞いて、そこから松本さんとの仕事が始まりました。

そんなとき、当時スタジオミュージシャンとしてキーボードを弾いていた穂口雄右《ゆうすけ》さんが僕のところに来て、作曲家になりたいと言うんです。それで、アグネス・チャンの曲をテーマを決めてお願いしました。

結果、すごくいい曲ができたんです。松本隆さんに詩を書いてもらって「ポケットいっぱいの秘密」（一九七四年）が誕生しました。ちょうど松本さんの詩と、僕が欲しい詩の距離が埋まっていたころです。

この曲は、そのときつくっていたアグネスのアルバム用に録音したんですが、みんながいい曲だと言うので、シングルカットしたんですね。穂口さんの最初のヒット曲にして、松本さんの最初のヒット曲になりました。

そのアルバムですが、演奏はキャラメル・ママ——細野晴臣さん、鈴木茂さん、マンタ（松任谷正隆）さん、林立夫《たつお》さん——にお願いしました。スタジオでリハーサルしていたら、ワーナー・パイオニア（当時）の偉いプロデューサーに怒られたんですよ。「こんな素人みたいなのを集めて何してんだ！」って。

僕はキャラメル・ママは本当にカッコいいサウンドをつくれる人たちだとリスペクトしていたので、歌謡曲を演奏してもらったら新しい音楽ができるんじゃないかと思ってお願いしたんです。一般的にはまだ無名だったでしょうが、無名だろうが素人だろうが、いいと思ったらやるだけですから。

僕は渡辺音楽出版の社員で、ヒット曲をつくらないといけない立場でしたから、カッコよさと斬新さ、そして大衆的であることのバランスは常にとっていたつもりです。

ただ、人のネームバリューにとらわれないのは僕だけじゃなく、沢田研二さんもアグネス・チャンさんもそういうことをぜんぜん気にしなかった。今まで関わったアーティストのなかにはそれを受け入れてくれない人もいましたから、今考えると、彼らは当時から柔軟な考え方を持っていたんだなと思います。

クリエイターたちのデビュー

僕はこれまで、本当にたくさんのクリエイターと出会い、仕事をさせてもらいました。

康珍化《かんちんふあ》さんは、渡辺音楽出版の同僚から紹介されたと記憶しています。「こういう詩を書く人がいるよ」と、詩を見せてくれたんです。何かとても優しくて温かくて、どこか寂しげだったのが心に響きました。当時の康さんは、早稲田大学を卒業したばかりでした。

ちょうど山下久美子さんのデビューのタイミングで、いろいろと試行錯誤をしながら作品をつくっていたころです。僕は康さんに電話して「山下久美子という新人のレコードをつくっているんだけど、詩書いてみませんか？」とオファーしたんです。

康さんと山下さんとの顔合わせのとき、僕は時間に遅れてしまったんですが、僕がいない間にふたりはすっかり意気投合していました。それでいくつか詩をお願いすることになったんです。

そのとき康さんに「誰か知ってる人で曲つくる人いないの？」と聞いたら、亀井登志夫さんを紹介してくれたんですね。同じ早稲田大学の友達でした。亀井さんには、康さんがつくった「バスルームから愛をこめて」（一九八〇年）の詩にメロディをつけてもらいました。

伊藤銀次さんともよく仕事をしましたね。彼は佐野元春さんの最初のアルバムのアレンジをやっていたんです。佐野さんに沢田研二の曲を書いてもらったタイミングで、じゃあアレンジまでセットでお願いしようという流れになったんです。

あとになって「あのときは、いきなり沢田研二のアレンジ頼まれて、すごいビビった！」と言っていましたけどね。そのあともアルバムを何枚かやってもらいました。

銀次さんは、沢田さんが来ないときに仮歌を入れてくれたことがあったんです。それがすごくいい声なんですよ。だから「歌ったらいいんじゃないの？」と思わず言いました。そうしたらいつの間にかポリスターからアルバムを出すことになって、僕、プロデュースを依頼されたんです。

当時はよく僕の家に来てもらって、曲をつくりました。詩は誰がいいかいろいろ考えていたのですが、お願いすることになったのが売野雅勇《まさお》さん。

売野さんは、彼が東急エージェンシーインターナショナル（当時）という会社でコピーライターをやっていたとき、そのクライアントだったエピック・ソニー（当時）のディレクターから紹介されました。銀次さんのレコーディングをしていたスタジオに来てもらったら、現れた売野さんはとてもおしゃれな人で雑誌「ＢＲＵＴＵＳ」の雰囲気があったので、銀次さんのシティーポップ感に合うんじゃないかと思ったんです。直感でその週に録る二曲の歌詞を書いてもらうことに決め、その場で打ち合わせをしました。最初に上がってきたのが『Baby Blue』という歌詞。それがアルバムのタイトル曲になりました。

すでにヒット曲があった人はひとりもいない

誰かいいアレンジャーはいないかなと探していたときに、たまたま紹介されたのが大村雅朗さん。当時彼は福岡から上京したばかりで、とても初々しい感じの好青年でした。木の実ナナさんの曲をアレンジしてもらったんですが、そのとき「アレンジし始めてまだ二曲目です」と言っていました。それがすごくクールでカッコいいアレンジで、深い音楽性を感じたので、のちに大澤誉志幸くんのサウンドもお願いすることにしたんです。

船山基紀さんと知り合ったのも同時期かな。インペグ屋さん（インスペクターのこと。レコーディングやコンサートなどのためにミュージシャンのコーディネート、ブッキングをする業者）に紹介してもらいました。

彼はその時点では、ほとんどアレンジャーの仕事をしたことがなかったと思います。すごく初々しかったんですが、音楽的にも知識がある人だったので、あまり不安はなかったです。ちょうどアグネス・チャンのアルバムを制作するタイミングでもあったので、船山さんにアレンジをお願いすることにしました。

後藤次利さんとは、ブレッド&バターのレコーディングにベーシストとして来たときにはじめて会いました。ドラムは林立夫さんでしたね。ふたりとも青山学院高等部の出身。実は後藤さんはもともとはギタリストだったから、ベースを弾くのはそのレコーディングがほとんどはじめてだったそうです。

その後、彼はどんどん腕を上げていって、よくスタジオでベースを弾いてもらうようになりました。そしていろいろと音楽の話をするうちに、後藤さんはベースのことだけじゃなく、音楽を全体的に見ている人だなあと感じたんです。そんな流れで「沢田研二のアレンジをやってもらえませんか？」と切り出しました。

実績のないアレンジャーを使うのは、実はけっこうリスクが高いんです。作詞家なら、詩がダメだったらごめんなさいと謝って使わないこともできるんですが、アレンジャーはそうもいかない。アレンジをお願いした場合はミュージシャンやエンジニアのギャラ、それにスタジオ代も発生しますから、ボツにするのはご法度なんです。

新人のクリエイターは往々にして、それまでにないサウンドと雰囲気を持っていて、新しい風を運んでくれます。僕は、相手のプロフィールは気にしませんから、話してみて、この人がいいんじゃないかなと思えば、自信を持ってお願いしていました。新人のアレンジャーはマニアック過ぎるところなどがあったりもしますが、自分自身がはっきりしたイメージを持っていれば、それをアレンジャーにしっかり伝えることで何とかなると思っていたんです。

銀色夏生さんの最初の本

作詞家の銀色夏生さんとは大澤誉志幸くんのデビューアルバムをつくるときに、売野さんと同じくエピック・ソニー（当時）のディレクターの紹介で会いました。彼女は大学を卒業したばかりで、まだ本名で活動していましたね。

あるとき、「ペンネームをつくりたい」と言って、いくつか候補を見せてくれたんです。「どれがいい？」と聞かれたので、僕は「この銀色夏生っていうのがいいんじゃないの？」と。銀色夏生はそこから始まりました。

はじめて会ったときに、いっぱい詩を見せてくれたんです。とにかくセンスがよくて斬新でした。それで僕は、彼女に大澤くんの歌詞を書いてもらいたいと思ったんです。

デビューアルバムのコンセプトはハードボイルド。彼女にはレイモンド・チャンドラーの『長いお別れ』を読んでもらって、それから歌詞を書いてもらいました。そして上がってきた詩が本当にカッコよかった。

それが『まずいリズムでベルが鳴る』（一九八三年）というアルバムになったんです。大澤誉志幸というアーティストの世界観は、ここで完成しましたね。

彼女が書く詩は、とにかく言葉に力があった。しかもあっという間に書くんです。このアルバム制作のときは、一〇日間くらいでLPレコードジャケットサイズの紙に、細かい字で収録曲分の詩を書いてきました。それに大澤くんがメロディをつけたんです。

彼女は写真も上手だったし、家には自分でつくったものがいろいろ置いてありましたね。今でも覚えているのは、銀色さんが〝ごめん玉〟と呼んでいたもの。ビー玉を真っ白く塗って、その一つひとつに「ごめん」という字が書いてあるのが器にいっぱい入っているんです。あれはアートですね。とにかくそういう小さいものがたくさんある家でした。

当時、渋谷の西武百貨店の地下に書籍売り場があって、そこに銀色さんとふたりで行ったことがあるんです。中原中也とか、そういった詩人の本がずらっと並んだコーナーの前で彼女、「キーちゃん、私の詩もいつかここに入っちゃうね」って。僕は「何変なことを言っているんだろう」と思ったけど、「そうだよね」とだけ返したんですよね。でも今では、彼女の詩集が、本当に書店の詩人の棚に並んでいるんです。

そういえば、大澤くんのレコーディングをニューヨークのパワー・ステーション（The Power Station、八〇年代に一世を風靡したレコーディングスタジオ）でやったとき、銀色さんが小さいノートに鉛筆画みたいな絵を描いて、そこに言葉を書き添えたものをつくっていました。それをエンジニアの人が気に入って、コピーして綴じて冊子にして、ニヤニヤうれしそうに見ていたな。今思えばあれが、銀色さんの最初の本だったのかもしれないですね。

5 クリエイティブな人はどんな相手も平等に扱う

人間はクリエイティブな人と、ポリティカルな人に分かれますね。ちょっと話したらわかってきます。

威張らない人

クリエイティブな人は、人を上下関係で区別しない。だから、上の人に必要以上の気を遣って敬語ばかりで話したりしないし、下の人に威張ることもありません。その人がクリエイティブかどうかは、そういったところを見ているとわかります。

逆に、そういうクリエイティブな人を使って仕事をする人たちのなかによくいるんですが、名のある人には媚びた態度をとって、あまり実績のない人には威張ってしまう人がいます。政治家っぽいなと僕は思います。

そういう人は、きっとどの業界にもいるでしょうね。

過去の実績より、今と、この先への興味

ある結婚式に参列したとき、まさにそんなタイプの人がいました。服装もちゃんとしていて、しゃべり方もその中身も理路整然としているんだけど、聞いていてつまらない。心からおめでとうと言っているように聞こえないんですよね。

そして、その次にマイクの前に立った人はノーネクタイで、祝辞もつっかえたりするんだけど、なんだか温かいんです。人は言葉以前に声のトーンを聴いていて、この人は心の真ん中から言っているとか、お世辞で言っているとかわかってしまうものなのかもしれません。

あとから聞いたら、やっぱり後者はクリエイティブな仕事をしている人でした。最初の人は、話のなかに自分の実績、どんな仕事をやってきたか云々というようなことをさりげなく盛り込

んでいたんですね。そういう人は、だいたいクリエイティブな人ではありません。過去に何をしたかより、今、あるいはこの先に何をするかに興味がある人がクリエイティブな人です。

⑥ 正論で人は動かない

人と人のコミュニケーションで必要なのは、まず受け入れることです。言い返したり、突き放したりすることが必要な場合でも、受け入れてから返すぐらいの余裕がないといけません。

ときには遠回りもして根気強く

曲や歌詞を直してもらいたいなと思ったとき、変えて欲しいところだけを最初に指摘すると、相手もすべてを否定されているような気分になるのか、受け入れてくれないことが多いです。相手の気持ちや状況も考えて、言わないでおいたほうがいい場合もあります。

僕からいきなり「あの詩、ダメだよね」と言えば、喧嘩になってしまうことだってあります。一方で、わざと怒らせることもあるにはあるけど、でもそれは、明日になればわかってくれるだろうなという確信のようなものがあるときにかぎります。

喧嘩をしたいわけではなくて、よりよくしたいだけなんです。会話のなかでうまく本題に持っていけるようにするのがいちばんなんですけど。

たとえば、話の流れで相手のほうから「このあいだの曲どうでしたか？　サビの詩がちょっとどうなのかなあと、ちょっとわかんなくなっちゃって」なんて切り出してくれたら、「実は僕もちょっと相談したいと思ってたんだよね」と返せます。そこから問題の核心に触れることができます。

あえて本題から外れた話をしてみるというのもときには有効です。こちらが気になっている歌詞のことは、本人もたいてい気にしているから、そこで僕が「曲、いい感じだったよね」と言うと、相手は「歌詞はどうだったの？　ちょっとわかりづらいかなあ？」と少し自信のない雰囲気を出してくれることもあります。そのへんは根気強くやることで、コミュニケーションはスムーズにいきますね。

自尊心を傷つけない

正しいことを言っているときほど、相手のプライドを傷つけてしまうことがあります。そうなると意固地になってしまい、にっちもさっちも行かなくなることがある。前にも書きましたが、正しいことを言うことが、人を動かせるとはかぎらないんですね。

あるアーティストの場合は、バンドのメンバーがいる前で詩について僕が意見を言ったら、その場では意固地になってしまってぜんぜん先に進まなかったんです。でも後日、その彼だけを呼び出して同じ話をしたら、今度は素直に聞いてくれて、作業もスムーズに進みました。つまり、自分の歌詞にいろいろ言われて、直されているところを、他のメンバーに見られたくなかったんですね。

もちろん、すべてのアーティストがそうではなく、人前で意見されることが平気な人もいます。何によってプライドが傷つくかは本当に人それぞれなので、プロデューサーとしてはそこの見極めが難しいところです。

交渉するときは感謝の気持ちを

歌詞や曲を書いてもらったとき、あるいはアレンジをしてもらったとき、全体的にはいいと感じても、多少の違和感を覚えることがあります。

そんなとき、僕はまずその違和感の正体を突き止めようとします。何が引っかかるのか、どこが物足りないのかを探し出さなければなりません。そして次に、作品をよくするためにはどうすればいいのか、その答えを考えます。クリエイターさんに手直しのお願いをするのは、そのあとの話です。

僕は昔、〝先生〟と呼ばれる先輩の作家に修正のお願いをしなければならないことがありました。でも「直してください」とは言えません。どの人にもそう言ったことはないんです。相手の気持ちがわかるからです。

「このあいだつくっていただいた曲のことでご相談があるんですが」と言うのが精一杯です。相手もピンときていると思います。

そして、よかった箇所を伝えるところから始めます。「このフレーズはすごくいいですね」と言ってから、「もっとひらけた感じにするには、どうしたらいいんでしょうか」などと聞きます。

事前にいろいろ考えて、もっとこうすればいいんじゃないかなという具体的なイメージは持っているんですけど、このタイミングでは言いません。答えを先に言うとイヤがる人もいるからです。なかには「どうしたらいいの？」と逆に聞いてくる人もいますが、そのときは「こういう感じはどうですか？」と提案します。

「こういうメロディにしてください」とはっきり言いたいのを抑えて、もっと抽象的に「こういう感じでわーっと広がる感じですかね」とか「たたみ掛けるような感じがいいんじゃないですかね？」みたいに伝えます。

そして、いいメロディが出てきたら「それいいですね！」とすかさず言うことが大切です。

曲を直してもらうやり取りは、本当にナイーブな作業なんです。遠回りのようでも、やはりみんなに気持ちよく仕事してもらって納得してもらえるのが大切ですから、手を抜けないですよね。

何より、感謝の気持ちを持つことが大事だと思います。

僕が〝相談〟に行くときに心がけていたのは、とにかく感謝の気持ちを持つこと。自分が寝ていたり遊んでいたりしたときに、この人は一生懸命にこの曲や歌詞を考えてくれていたんだろうなと想像するんです。

本人に話をするときに、わざわざ感謝の言葉を口に出したりはしないんですが、そういう気持ちがあれば、相手が不快になるような話し方にはならない気がするんですよね。言い方が少しソフトになるのかもしれないし、それで相手にもきっと伝わるだろうな、と。もしかしたら声のトーンに気持ちが出るのかもしれません。

言葉のトーンと心の関係

僕自身、人がしゃべることを聞いていて、もちろん内容も聞いているけれど、それ以上にもっとその人の言葉のトーンを聞いているんだと思います。同じようなことをしゃべっていても、心がこもっている人と、口先だけで言っている人ではトーンがぜんぜん違う。アーティストがステージで「ありがとうございます」と言っても、それが心からの感謝かどうかは、案外人にわかってしまうんです。

だから、言葉の意味よりも、そこに込められた気持ちのほうが大事。言葉の質感というか、言霊みたいなものが、話すことの七割ぐらいを決めるんじゃないかと思っています。

次に繋がる断り方

以前、とあるレコード会社にアーティストのプロデュースを依頼されました。

音源を聴いてみて、自分が興味がある感じの音ではなかったんですが、僕ははっきりノーと言えず、困ってしまいました。

そこで、レコード会社の人と音楽談義を始めたんです。今流行っている音楽のこと、これからどんな音楽をつくっていきたいかなど、具体的なアーティスト名もあげて夢中になって話しました。

それを聞いて、だんだん相手も感づいたんでしょうね、「このアーティスト、ちょっと違いますよね?」って言ってくれたんです。僕はすかさず、きまり悪い感じではありましたが「はい、そうですね」と答えました。

すると帰り際に、「よかったら、これを聴いてみてください」と新人アーティストの曲が入った一本のデモカセットテープを手渡されました。「これなら、木﨑さんが気に入ってくれるんじゃないかなあ」と。

聴いたら、すごくよかった。声質も、歌い方も好きだなと思いましたね。それが木下理樹くんのデモテープでした。ほどなくして彼がつくったバンドART-SCHOOLと一緒に仕事をすることになったんです。

断ることは難しいですけど、断り方が大切ですね。そのとき、時間がないからなどと言い訳をするだけでは、お互いに気まずい思いが残るだけです。それよりも、今自分が興味のあることをはっきり相手に伝えて、それをわかってもらうことが、次に繋がる断り方だと思います。

〈7 ビビリならではの世渡りの仕方〉

僕は〝叱られたくない〟子供でした。叱られたくない、だけどやりたい、だからいつもビビりながら行動していたんです。

持論ですが、ビビっている時間が長いと体が硬くなるんですよ。周りを気にしていつも緊張しているから。それで、「堂々としろ」みたいに結果叱られてしまうわけだから、本末転倒なんですけどね。銀色夏生さんも同じだったみたい。だから彼女も体が硬いんです。

ヒットを出せば遅刻しても会社にいられる

僕は渡辺音楽出版で働き始めてもビビっていました。

いちばんビビっていたのは、「企画会議」という名の、渡辺プロダクションの渡辺晋社長臨席の「制作決定会議」。どのアーティストでどんな作品をつくるか、その企画をまずは通さないとレコードはつくれないし、できた作品もそこで承認されないと世には出ません。つまり避けては通れない会議です。

レコーディングした曲をそこではじめて上司たちに聴かせるとき、毎回「どうしよう、どうしよう」という感じでオロオロしていました。悪いことばかりが頭に浮かびます。時間も予算もすでにオーバーしていて、録り直しなんて不可能なのにダメ出しされたらどうしようか、と。

決して自信がなかったわけではないんですが、もともとビビリな僕は、つくった曲を過大評価しませんでした。さらっと「聴いてください」と差し出す程度。そうしていたら、あるときデスクの人に「キーは自己宣伝しないけど、そのあんまり言わないところがいいわよね」って言われたんです。

その言葉を聞いて、僕がヒットを出していたからそういう評価になったんだろうなと思いました。そうじゃなければ、ただ自信のない人間に過ぎない。だからやっぱり売れないと絶対にダメなんだということを、そのときしっかり心に刻みました。

だいたい、そのころの僕は本当にダメ社員だったんです。朝は出社しない、制作期限を守らない、だから予算はいつもオーバー、時間にルーズで約束に遅れてばかりだし、おまけに上司の言うこともあまり聞かない。そんな自分がクビにならずにいられるのはなぜかと考えたら、やっぱりヒットを出しているからだと思ったんですね。

だから、ヒットを出すことに一〇〇パーセント注力しようと思いました。そうすれば、きっとずっと会社にいられるはず、と。

企画会議はエンターテインメント

企画会議で社長のＯＫがないと作品が出せません。それはもう冷や汗ものです。ただ、何度もその場で自分がプレゼンし、他の人のプレゼンを聞くうちに、いつしか社長が何を気にしているかわかるようになりました。

社長が相手にバチバチ意見をぶつけているのを見ていたときに気づいたんです。この人は相手の自信を見ているんだと。実際、恐々とプレゼンしていた人は厳しく突っ込まれることが多かったですから。

それで僕は思い至りました。そうか、この企画会議はエンターテインメントなんだ、と。社長をいかに喜ばせるか、笑わせるかが大事なんだ、と。それから僕は社長を喜ばせるため、内心はすごくビビりながらも、笑顔で明るく楽しくギャグを交えてプレゼンするように心がけました。

⑧ 社長の意見に負けたら、自分の考えとして伝える

企画会議は毎週金曜日に行われていました。僕をはじめ、制作ディレクターたちが進行中の作品について報告するのですが、けっこう細かいところまで渡辺晋社長が突っ込んでくるのが常でした。

社長との闘いに負けたらすべきこと

あるとき、阿久悠さんに書いてもらって、すでに僕がＯＫを出した歌詞の一部を変えろと言われたんです。どうがんばって説明しても、「変えろ。社長命令だ」と。もうどうしようもありません。

でも「社長に言われたから歌詞変更の相談に乗ってください」では、自分の意思がないように思われてしまう。社長の命令でも、それは僕の意見として伝えなければなりません。そこで阿久悠さんに「あれからまた考え直したんですけど、やはり、こんなふうに変えてもらいたいんです……」とお願いしたところ、阿久さんは納得してくれました。

のちに、やはり阿久さんの歌詞で、同じような社長命令を受けた同僚のディレクターがいたんですが、彼は阿久さんに「僕はいいと思うんですけど、社長がこれ、なんかダメって言うんですよ」みたいに言ったんです。

そうしたら「じゃ、君と話しててもしょうがないね。社長呼んできて」と言われて、逆に窮地に追い込まれてしまった、ということがありました。

不本意かもしれないけど、社長命令に従わなければいけない事態に追い込まれたら、「自分が」と言わなくてはダメなんです。社長との闘いに負けたんだから、自分は社長と同じ意見であることにしなければいけません。使い走りになってはいけません。クリエイターに対してもアーティストに対しても全責任を背負わなければ、相手を説得することはできないんです。

9 ハッタリは使えるときと使えないときがある

山下久美子の「バスルームから愛をこめて」[*3]のデモをはじめて社長に聴いてもらったとき、「これはメロディがよくない」とバッサリ斬られたんです。

僕は他の仕事でその場にいなくて、アシスタントだった福岡智彦くんが社長と向き合っていました。彼は顔面蒼白ですよ。なぜって「宮川（泰《ひろし》）がこういうの得意だから、つくり直してもらえ」と言われたんですから。すでにオケも録ってしまっていて、今さら引き返せないところまで来ていたんです。

福岡くんは、とりあえず作曲家の宮川先生のところに行って事情を話し、「一応教えを乞うたことにしてください」とお願いをしました。すると宮川先生は「いい曲じゃない。俺から言っといてやるから」って言ってくれたんです。

メロディを変えずに歌い方だけ変えて

そして次の会議の日がやってきたわけですが、「社長の言う通りにメロディを変えました！」と大きな声で言いながら、僕らは同じ曲を社長に聴かせました。違うのは、山下久美子さんの歌い方。

最初に聴かせたのは、まだ本人が曲に馴染んでいなくて、途切れ途切れに歌っているように聴こえる音源でした。それを「♪お湯〜に〜もぐ〜って／あた〜し泣いたの」と流れるように歌う練習をずいぶんやって、改めて録音したものを聴いてもらったんです。

こんなふうに歌い方が変われば、メロディももっとよく聴こえるはずだと思いました。ちょっとした賭けでしたけど、社長は「よくなっただろ、ほら」と言ってくれました。

言い訳は災いのもと

でも、いつもそんなやり方が通るわけではありません。うまくくぐり抜けられなかったこともありました。

沢田研二の「ダーリング」（一九七八年）をつくったとき、社長に聴かせたら「歌が小さい。もっと大きくしろ」と言われたんです。でも実は、そのときすでに工場でプレスが始まっていました。

僕はとにかくその場でうまい言い訳をしなくてはいけなくなって、思わず「ポリドールのエンジニアが、カッティングするときに歌をでっかくできるって言ったので、そのまま工場に入れました」と言ったんです。でも、それが社長の気に食わなかった。

というのも、それには布石があったんです。テレサ・テンさんを手がけた同僚がいて、同じように社長に新曲を聴かせたとき「歌詞を変えろ」と言われたそうなんです。ところがその日、テレビの歌番組でテレサ・テンさんがその歌を元の歌詞で歌っているのを、社長はしっかり観ていたんですね。

もちろん同僚は呼びつけられて相当怒られたんですが、そのとき「ポリドールがこれで大丈夫って言ったんです」と言ってしまった。火に油を注いだわけです。とにかく社長は、制作に関することは渡辺プロがリードするべきだと強く思っていたんです。

つまり僕は、その同僚と同じミスを犯してしまったわけです。社長は納得がいかないから「歌を大きくしたんだったら、プレスする前のラッカー盤を持ってこい」とまで言い出しました。ラッカー盤というのは、カッティングマシーンで直接音溝を刻んだ原盤のことですが、それを聴かせたところで歌は大きくなってはいないですから、もうどうしようかと。

でも、よくよく考えたら、社長はきっとレコード会社が決めたということがイヤだったんですよね。これは僕が決めたと正直に言うのが解決への近道だと思った翌日の昼ごろ、社長室に向かったんです。そうしたら、社長は昼食に出ていました。秘書の人に聞いたら「おひとりでお蕎麦屋さんに行かれましたよ」と。

僕は意を決してその蕎麦屋に行ったんです。社長、いました。ひとりで寂しそうに蕎麦をすすっていて、僕が声をかけたらすごく喜んだんです。よし今だ！　と思って「このあいだの沢田研二の件なんですけど、あれ、実は僕がＯＫ出したんです」と言ったら、今度はすごい剣幕で「謝れ！」と。もちろん心から謝りました、「すみませんでした」と。

この件はこれで終わりました。やっぱり最初から正直に言うべきでしたね。これをポリドールのせいにしていたら、社長のことだから「じゃあポリドールの工場を止める」ぐらいは言ったと思います。本当、大ごとにならなくてよかったです。人のせいにしてはダメですね。責任は自分で取らなくてはなりません。

10 アーティストこそ、お金の流れを知っておくべき

僕は、関わるアーティストにはお金の話もできるだけするようにしています。自分たちが生活するお金がどういうふうに入ってきているのか、せめてその仕組みはわかっていてほしい。出版権や原盤のこと、ＣＤが売れるとどうやってお金が入ってくるのか、システムがどうなっているのかを知っておいたほうがいいと思うんです。

グッズの売り上げが大事

今はCDが売れない時代。音源をサブスクリプションで聴かれるだけだと、やっぱりライブにお客さんが入って、グッズを買ってもらうというのが大事になってきます。収入に占めるグッズ売り上げの割合は、おそらくアーティストが思うより多いはずです。

そもそも制作費の配分だって、僕はアーティストが自ら決めればいいんじゃないかと思っているぐらいです。現状は、スタッフがお金に関するすべての情報を持っていて、アーティストは何も知らない。だからズレが生じる。

傷つけたらかわいそうだからとイヤな情報を伝えないのは、かえってよくないですね。だから僕は話します。アーティストに「何でも教えてあげるからね」って言うのですが、言ったからには、悪い話も含めてちゃんと伝えたいと思っています。すべての問題を共有して、相談して決めていけばいいと思います。

自分でやれば文句は言えない

僕が渡辺音楽出版にいたとき、社員旅行がありました。社員旅行というのは、行く先々でみんなが文句を言うんです。やれ食事がまずいだの、やれ歩かせ過ぎだの、やれ風呂が小さいだのと、口を開けば文句ばっかり。

だけど毎年、持ち回りで決まる旅行委員の人たちは文句を言わない。なぜなら、自分たちで行き先も行程も決めているからなんです。自分で決めたことには文句は言わないですね。

音楽の現場でも、アーティストが全部決めればいいと思います。アーティストは、ちょっと違うと思ったことには、はっきりイヤだと言います。ライブをやるにしても、「セットにもっとお金をかけたい」とか「もっといいＰＡ（コンサート音響の技術者）さんにお願いしたい」とか言ってくる。だから、情報を全部教えてあげたらいいんです。

ライブの売り上げがいくら、そこから会場費や人件費などの必要経費を引いたらいくら残るのか。最初からアーティストの取り分を決めておいてもいいですよね、売り上げの三分の一とか。その上で「好きにやればいいよ、君の取り分が減るけど」ということを伝えるのがいいと思います。

それに納得がいくなら、新幹線のグリーン車だって乗ればいいと思います。

お金のない時代に

ただ、今の若いミュージシャンたちはかわいそうだなと思うんですよね。正直、昔に比べると業界にぜんぜんお金がないから。ＣＤが売れない分、制作費もずいぶん抑えられているんです。作品によっては、ヘタすると三〇年前の一〇〇分の一ぐらいになっているかもしれません。

山下久美子さんの仕事をやっていたころは、僕らは彼女をいろんなところに連れていったんです。最先端のおしゃれなレストランやクラブで、食事をしたり遊んだりした。それでアーティストがだんだん洗練されていくというのは、実際にあると思います。いいものに触れていると、自然に磨かれていきますから。

11 音楽業界のどこにいるかで、ものの見方が変わる

ものをつくる人は、孤独なのだと思います。アーティストは、売れないと不安でしょう。でも、売れたら売れたでまた不安なんです。

同じ現場で、同じ目的に向かって仕事をしていても、アーティストが我々スタッフと違うところは、アーティストは一生その名前を背負って生きていかなくてはならないことです。沢田研二は、沢田研二であり続けなければいけないんです。

でもスタッフは複数のアーティストに部分的に関わっているだけなのでそこまでシビアにはなれません。

アーティストの孤独や不安を理解する

売れているアーティストが人に言われることで最も怖いのは、たとえば「もう終わったよね、あいつ」みたいな言葉です。新しい作品制作にも影響を及ぼします。

どんなに近しいスタッフも、そのアーティストの気持ちを実感することはできません。それでも、アーティストの不安や孤独を理解しないと、対等に仕事ができないこともまた確かです。

同じスタッフでも、事務所とレコード会社では温度差があることが多いですね。事務所スタッフは売れていない時代からアーティストのいちばん近くにいます。レコード会社というのは、基本的にアーティストと仕事をしているんじゃなくて、音源と仕事をしているから、どうしても距離感が違ってくるわけです。

昔、事務所援助金（レコード売り上げが最も大きな収入源だった時代に、レコード会社からマネジメント事務所へ支払われていた）というのは、レコード会社がアーティストに言えないことを「事務所から言ってください」ということで支払われたんじゃないかと僕は勝手に解釈していました。それはでも、しょうがないことではありますよね。立場が違うんだから。

考え方の歴然とした違い

以前、新人アーティストのレコ発ライブ（CDなどのリリース時にプロモーションのために行うライブ）を開催することになったときの話です。
開演前からライブハウスにファンがたくさん並んでいました。ところが、肝心のCDジャケットに問題が見つかって、発売できなくなったんです。だから、レコ発ライブの体裁が保てなくなりました。

そのとき、レコード会社の人間がいちばん気にしたのは、レコード店のことでした。発売に向けて店頭でCDと広告を展開してくれた店に、どう対応しようかということで彼らは頭がいっぱいでした。

一方、事務所の人間や、僕のようなアーティストに近いスタッフが心配したのは、アーティストのことです。「この状況でどんな気持ちでライブをやればいいのか」「並んでいるお客さんになんて言えばいいの？」「共演するほかのバンドメンバーにはどう説明すれば？」そういうことのほうがよっぽど気になるんです。そのぐらい、両者の意識は違いました。

音楽業界の経験を最初にどこでやったかで、その後の音楽との関係性や、自分の立ち位置が決まってしまう、とある人が言っていました。本当にそうだと思います。

第四章　ヒットをつくるために僕がしていること

1 そのアーティストの特徴を明確に把握する

新人のアーティストを見るときに僕が気にするのは、まずは曲をつくる能力や歌声です。前の章でも書きましたが、特に詩を書く能力、ものを見る視点というのは持って生まれたものや生きてきたなかでつちかった感性によるものだと思います。そして歌い方も実はそう変えられるものではありません。だからこそ、最初にそこを見るようにしています。

「どうなりたいの?」「何をしたいの?」

必ず聞くのは「どうなりたいの?」「何をしたいの?」ということ。僕が彼/彼女に会って特徴をつかんで、こんなふうにプロデュースしたいなというビジョンを持ったとしても、本人がなりたいもの、やりたいこととかけ離れていれば、それは意味がないですから。

もし本人が思うイメージとかけ離れていたとしたら、僕がイメージするアーティスト像――こんなふうにアプローチをして、こんなふうに受け入れられるのがいいんじゃないかな、という世界観をできるかぎり具体的に伝えます。

そして、彼/彼女がそれをどう受け止めているかを、言葉と表情から本人の意を汲んで判断します。歩み寄れるところは歩み寄り、僕もインスパイアされて彼らの考えのほうがおもしろいねとなったら、そっちに舵を切ったりします。

もちろん、自分はこうなりたいというはっきりしたイメージを持っていて、それが揺るがない人もいます。逆に僕も自分が抱くイメージにアーティストをはめ込み過ぎているのかなと思うこともあります。そこはしっかりと見極めて、方向性を決めなければなりません。その人の人生が変わってしまうかもしれないことだから、相当の責任が伴うんですね。

歌い方を変えるのは難しい

歌い方にも注目します。というのも、歌い方にはその人のセンスが表れていて、簡単には変えられないものだから。リズム感も小さいときから養われてきたもので、生まれ持ったセンスが占める要素が大きく、直すのはすごく難しいと感じることが多いです。

歌い方、歌い回しというのは小さいころからの積み重ねで決まるんですね。たとえば、洋楽をたくさん聴いて歌っていた人とJ－POPを聴いてカラオケで歌っていた人とは歌い方が違いますね。

日本のいろんなボーカリストの歌を聴いていると、今どんな曲をやっているとしても、昔は歌謡曲を好んで聴いていたんだろうなとか、洋楽を好きで聴いていたんだろうなとか、だいたいわかります。有名なロック・ボーカリストでも、歌謡曲の歌手の歌い方に似ているなと思う人もいて、きっと子供のころは日本の音楽をたくさん聴いていたんだろうなと想像します。

僕の言う〝歌い回し〟とは、〝こぶし〟のことです。洋楽のボーカリストの歌い方には洋楽のこぶしがあって、基本的にしゃくりますね。英語の発音と関係あるんじゃないのかなと思います。日本の音楽にもこぶしはあります。演歌の人もしゃくりますけど、ポップスとはやはりニュアンスが違います。こぶしの出し方にセンスが出ますね。

洋楽的なニュアンスでしゃくる人

同じアメリカの人でも、カントリーを聴いて育った白人と、R&Bを聴いて育った黒人ではニュアンスが違いますね。ただ、こぶしを回すのは一様で、だからこぶしは英語の発音に由来しているのかなと思うんです。day とか say とか母音が重なるせいなのか、流れるような感じに聴こえる。一方、日本のアイドルの歌を聴いていると、日本語の単語を区切っているような感じなんです。

僕は、洋楽的なニュアンスでしゃくる人、好きですね。いいと思います。佐野元春くんも、大澤誉志幸くんもそうだった。DREAMS COME TRUE の吉田美和さんもけっこうしゃくっていますね。

大澤誉志幸をハードボイルドに変換する

大澤誉志幸くんと仕事をすることになったころは、男性シンガーソングライターが多い時代でした。みんな優しいイメージのアーティスト。でも、大澤くんを見ていたら、もうちょっと強い男のイメージが浮かんできたんです。

プロデュースする側からすると、アーティストが持っている特徴を活かして、よりみんなにわかりやすいスタイルに変換するのが大事だと思います。

大澤くんの場合は、R&Bが好きで歌も本格的でした。そのままだと日本のリスナーにはわかりにくいんじゃないかと思ったので、ポップでクールなサウンドをイメージしました。それがトラックにあると大澤くんの声との対比でより多くの人に理解されると感じたんです。

僕はちょうどそのころ、レイモンド・チャンドラーが気に入っていて『長いお別れ』などを読んでいたんです。それまでハードボイルドなんて読んだことはなかったんですが、村上春樹さんがまだ小説家になる前にチャンドラーを写し書きしていたという話を聞いて、じゃあ読んでみよう、と。村上作品はタイトルがいいなと思っていて、研究じゃないですけど、日頃から彼の言葉に興味を持っていたんです。

チャンドラーは、あのちょっと堅苦しい感じの清水俊二訳もいいですね。「君のことがわからない」ではなく「君のことが理解できない」みたいに、英語の単語が直訳っぽい感じに翻訳されているのがクールでカッコいいなと思いました。

それはもしかしたら、翻訳した人のセンスだったのかもしれないんですけど、僕はすっかりチャンドラーが描くハードボイルドの世界が好きになってしまったんです。そして、チャンドラーが描く探偵のフィリップ・マーロウと大澤誉志幸というアーティストがなぜだか結びついていきました。

前述しましたが、そのころ偶然知り合った銀色夏生さんに、チャンドラーを読んでもらったんです。そうしたらハードボイルドな詩が銀色さんからいっぱいできてきました。どれも今まで見たこともないカッコいいクールな詩でしたね。

ダメって言われたこと全部やっていい

サウンドはクールに打ち込みでやりたいなと思っていました。当時、イギリスで流行っていた打ち込みの音を参考にしつつ、アメリカのダリル・ホール&ジョン・オーツなどのブルー・アイド・ソウル（白人によるソウル／R&B音楽）のあたりに方向性を定めました。

アレンジャーは大村雅朗さんでいくことにしたんですが、彼に会いにスタジオにお邪魔したら、ディレクターからいっぱいダメ出しをされていたんですね。そこではちょっと変わったことをやろうとすると、すぐダメと言われてました。

でも、そのとき僕は「今ダメって言われていたこと、全部やっていいですからね」と大村さんに言ったんです。これから大澤誉志幸を世の中にデビューさせるためにはもっと過激な、もっと尖ったアプローチが必要だと思ったからです。

そんなふうに少しずつ方向性を固めていっても、つい思い込みが強くなって行き過ぎてしまうこともよくあるんですね。だからプロデュース作業では時々、少しクールになって客観的に眺めるようにすることがとても大事です。実はそれがすごく難しいですね。

だからひとつの方向に行き過ぎないように、たとえば、詩にもう少し優しい感じを入れようとか、歌はもう少し優しく歌ってもらおうとか、メロディはもう少しメロディックにしようとか。そうしたいくつもの作業を経て、作品は世に出ていきます。

2 完成したアーティストイメージを想像する

アーティストにはじめて会ったときに、そのアーティストの完成形が見えるかどうかがプロデュースの鍵になります。もし見えたら、一緒に仕事したいなと思います。

人気者になったときの絵

最初ふわっと見えているイメージみたいなものが、話をしているうちに具体化してくるんです。こんなサウンドで、こんなビジュアルで、こんな詩の世界観で、メロディはこんな感じ、みたいなことですね。

僕もどんどん興味が湧いてくるというか、絵が描けるようになってきます。そのアーティストが人気者になったときの絵が見えてくる。人気者にしたいと思って接するから、具体的に見えてくるのかもしれないですけどね。

だから、最初に何も見えていない状態から始まることはありません。でも、どんな人に会ってもだいたいふわっとしたものは見えるんです。ふわっとしたものだから、ふわっとしか語れないのが難点ですが、銀色夏生さんも言っていました、「私もそう」って。

まるで雲が浮かんでいるみたいにふわっとそこにある何かが、だんだん輪郭を持ってくるんです。そのふわっとしたものがあること自体が、もうその人の可能性なんですよね。

このアーティストを求めているのは、どんなリスナーかなというのも考えます。ターゲットをどこに絞るかということですね。そして、そこに届けるための作業を音づくりのなかでしていくわけです。

もしアーティストの音楽性やイメージに足りない要素があれば、加えていきます。

あるものは動かしようがないから、ないものを足していく。そうやって最初にイメージした完成形に近づけていくんです。

③ 違うと思ったら逆方向に行ってみる

山下久美子さんは〝ブルース〟というキーワードで始まりました。彼女はもともとジャニス・ジョプリンが好きで、ブルースを歌っていたので、レコーディングのためにブルージーな曲ばかり集めていたんです。

でも、だんだんと、やっぱり何か違うなと思い始めたんですね。日本でブルースといっても、今ひとつピンとくるポップなメジャー感がないんじゃないかなと気がつきました。

また、アーティストのイメージに似合うものだけを足すのはよくない。必ず反するイメージが入っていないとおもしろくないからです。

ブルースからポップへ

スタッフと話し合っていくなかで、やっぱりブルースが好きな人に向けてつくったところで、それ以上にはならないという結論が出ました。ポップな詩と曲でやらないとダメだろう、と。

歌い方にはブルージーな感じがどうしたって出るわけだし、だったら日本のブルースは「もうやんなっちゃうわ」みたいに若い女の子のグチのような感じがいいんじゃないかと思うようになりました。ちょっと方向を転換させたんですね。

そうしてつくっていったのが、前述した「バスルームから愛をこめて」という、山下久美子のデビューを飾った一曲です。

当時、僕のアシスタントをやっていた福岡智彦くんが、康珍化さんにいくつか書いてもらったなかから「この詩がシングルにいいんじゃないですか」と、僕に詩を見せたところから制作が始まりました。僕はそのとき、サビの詩がちょっと弱いなと感じたんですね。それで、康さんと打ち合わせを重ねました。

僕のイメージは童謡の「♪シャボン玉飛んだ／屋根まで飛んだ／屋根まで飛んで／こわれて消えた」（「シャボン玉」[*4]）。あんな歌詞がいいなという話をしたら、「♪男なんてシャボン玉／きつく抱いたら／こわれて消えた」っていう詩ができて、ああいいなあと思って。

ただ、最後の「♪だけど／ほんとに好きだったの」という歌詞は、最初から強気な女の子を表現しているんだから正直いらないんじゃないかと思ったんです。でも、福岡くんが「これあったほうがいいです。本音がひとことあるほうが」と。言われてみるとそうだなと思って残すことにしたんですが、結果、よかったですね。

4 今あるといいアーティスト像を考える

僕らの仕事は、他にない音楽をつくること。今すでにいるアーティストや音楽を真似してもしょうがない。何でもいいから一味違う音楽をつくったり、バージョンアップしたアーティストを育てたりしたいです。

九〇年代に尾崎豊のようなラッパーがいたら

槇原敬之くんがデビューしたときは、世の中は空前のバンドブームでした。ちょうど「いか天」（TBS系「三宅裕司のいかすバンド天国」）が流行っていたころで、僕らの周りでもデビューさせるためにバンドを探している人がたくさんいました。でも、だからこそ逆に、ピアノを弾きながら歌うソロシンガーというのはいいなと思ったんです。

僕はその時代に流行っている音楽やアーティストじゃなくて「こういう人が今、世の中に現れたらおもしろいな」ということをよく考えます。

たとえば、八〇年代に尾崎豊くんが出てきたわけですが、その一〇年後の九〇年代、尾崎くんみたいな感じの人がシリアスな顔つきでヒップホップをやっていたら、おもしろかったんじゃないかなとか。そう思っていると、そういう人に巡り会えることも多いから、いつもそんなことを考えていたいですね。

最近でいうと、世の中にないものをやられたなと思うのはKing Gnu。ここしばらく健康的でいい人っぽいイメージのバンドが多かったなかで、ちょっと不良で退廃的でロックなアプローチをしてきたのはすごいなと思います。それに、彼らはパフォーマンスができるアーティストでもありますよね。動きがあるから、見ていて飽きないんです。

もちろん、音楽にはいろんな楽しみ方がありますから、動きが大きければいいというわけでもないんですが、一時期に比べると今はやっぱり目で楽しめる、パフォーマンスができるアーティストが求められているのかなと思います。

時代によって変化するグルーヴ

僕が最近特に楽しいなと思ったのは、エド・シーランのライブ。何より、ペットボトルの捨て方がよかった。ステージで飲んだあと、無造作にポーンと放り投げるんです。それが気になって気になってしょうがなかった。ペットボトルが気になるなんて僕だけかなと思っていたら、ライブに行った知り合いに聞くと、みんなけっこう気になっていたみたいなんですよね。

やっぱり、イメージと違うから気になるんです。エド・シーランなら丁寧に置くだろうなって、そういうイメージなんですよ。豪快にポーンと投げ捨てる感じが、アコースティックギターを弾いている人じゃないなっていう、要するにギャップを感じたから気になったんでしょうね。

本書でたびたび言っていますが、ギャップは人を感動させる要素です。ビッグになるアーティストや音楽には必ずあります。

音楽だから、本来は耳から入ってくる音が大事なはずなんですが、実は目から入ってくる情報のほうが影響力が大きいんだと思います。

もちろん歌はよかったし、ひとりでやるっていう意外性も含めておもしろかったです。曲はフォークソングっぽいんだけど、ヒップホップも知っていて、それをループペダル（ギターのカッティングやフレーズ、コーラスなどを録音し、それをバックトラックとして再生できる機器）を使ってたったひとりで表現するんです。キックドラムの替わりにアコースティックギターの胴をたたいてオーディエンスを踊らせるほどのすごい低音をつくる。昔のアコースティックギターを持って歌う人とはぜんぜんスタイルが違います。

フォークソング＋ラップというふたつの要素を組み合わせて新しい音楽をつくっているんで

す。それにタトゥーだらけなのにアコースティックギターというのも新しいですね。

そう、時代によって音楽のグルーヴは変化するんです。それに合わせてメロディの譜割りなども、どんどん変わっていると思いますね。本質的なメロディ自体のキュンとする感じとか、そういうものはむしろ変わっていないように思います。譜割りやリズムが、やっぱりどんどん新しくなっていく。これにはなんというか、生活のスピード感とか、そういういろいろなものが関係しているのかもしれません。

5 アーティストと作品は寄り添わないことが大事

繰り返しになりますが、山下久美子さんはブルースが好きで、だから最初はブルージーな曲ばかりつくっていました。そうしていると、次第に音楽としてはこぢんまりとまとまっていってしまったんです。またやらかしてしまったと思いました。アーティストに楽曲を寄り添わせ過ぎたんですね。

反省して考え方を変えて、ポップな詩とメロディをぶつけてみたら、今度は彼女の持つブルージーな魅力が引き出されて、いろんな人に聴いてもらえるようになりました。

第二章で書いた、セクシーなアーティストにセクシーな詩を歌わせないということも同じ。要するに、ギャップがあることでアーティストが立体的に見えるんですね。ものをつくるうえで最も大切なことのひとつなんです。人は、ギャップ、多面性を感じさせるもののほうが魅力的に見えるんだと思います。

数学教師のピアノ

それを最初に思ったのは、高校生のとき。音楽の先生がお休みだったので、僕らは音楽室で自習という名のもとにガヤガヤ騒いでいたんです。

そこに担任の数学の先生が様子を見にきて、「うるさい!」と。でもその先生は怒るだけじゃなくて、「おまえら、どこ習ってんの?」と音楽の教科書を開かせた。そうしたら「じゃあ、今日は俺がピアノ弾くから、おまえら歌え」と、ピアノの前に座ったんです。

先生は思いのほか上手に弾いたんですよね。僕はその姿を見て、なんてカッコいいんだろうと思いました。だって数学の先生なのにピアノが弾けるんですよ。ギャップがあるってカッコいいことだなと、そのときはじめて思いました。

音楽制作の仕事を始めてからはアーティストもそういう視点で見るようになりました。実際、ギャップがある人には深みを感じますね。魅力的に見えます。

昔のテレビドラマのある有名なプロデューサーも、キャスティングをするときに役柄と正反対のイメージの役者を起用すると役に広がりが出ると言っていました。その話を聞いて、やはりクリエイティブな仕事の基本のひとつがここにあると思ったんです。

謹慎翌年の「勝手にしやがれ」

沢田研二の「勝手にしやがれ」[*5]（一九七七年）は、全体的に情けない歌詞なのに、それまでになく男らしい曲になりました。ギャップがいい形で表れた曲です。

彼が事件を起こしたことがありました。当時二度にわたる〝新幹線暴行事件〟として世間を騒がせましたが、事実はどうあれ短期間に二回も不祥事を起こしたので、彼は自ら一カ月の謹慎を会社に申し出たんです。この年は年末の歌番組なども出ていませんでした。

事件から約一年後にリリースする復帰後第三弾シングルの作詞を阿久悠さんにお願いしました。そのとき、阿久さんがこう言ったんです、「『勝手にしやがれ』っていう曲をつくりたいんだよ」と。

驚きましたね。だって「勝手にしやがれ」ですよ。いくらなんでも謹慎明けから一年も経たないうちに「勝手にしやがれ」はないだろうと思ったんですが、阿久さんはもしかすると最初からそこを狙ったのかもしれませんね。

でも、仕上がった詩を見たときに、沢田さんはこれをうまく歌えるか不安に思いました。それまでは二枚目でロマンティックなイメージのカッコいい歌ばかりを歌ってきたのに、「勝手にしやがれ」は、フラれて空虚なはしゃぎ方をしている情けない男の歌でしたから。

詩に描かれた主人公は、下北沢で飲んでいるときのふだんの本人に近いイメージでしたね。これはスターのジュリーじゃなくて本人そのもので、だからこの歌にはファンタジーとか夢が描けないんじゃないかと心配になったんです。

そして何より、歌詞の最後の「♪ワンマンショーで」という言葉がすごくあざとく感じたんです。ちょっとカッコ悪いな、と。それまでの沢田さんの歌い方を想像すると、情けない雰囲気になってしまうんじゃないかと危惧しました。

とはいえ、この詩自体はどこも直すところがない完璧なものだったので、言葉尻を変えても意味がないと思ったんですよね。だからいっそのこと、新しい詩を書き下ろしてもらいたいと思ったんです。

僕はその日、阿久悠さんがヒルトンホテルでパーティーに出席されていると聞いて、いそいそと訪ねていきました。阿久さんはニコニコしながら「あれ、木﨑くんどうしたの?」なんて感じだったんですが、僕が「このあいだいただいた『勝手にしやがれ』は素晴らしい詩だと思うんですけど、あのキャラクターを沢田研二がうまく歌えるか心配です。アラン・ドロンみたいな二枚目の詩を別につくってほしいんです」と言った途端、プーッと怒っていなくなってしまいました。「あぁ、やっちゃった」と思いました。

その後、マネージャーさんから電話があって「メロディが先にあったら、阿久悠は詩をつくってもいいと言っています」と。僕はすぐ大野克夫さんに電話して、新しい曲をつくってもらいました。それを阿久さんに持っていったら、すぐに詩をつくってくれたんです。

阿久さんに「今回はキーちゃんの粘り勝ちだね」と言われたので、ほっとしたのを覚えています。

そして、このときできたのが、「あなたに今夜はワインをふりかけ」(「サムライ」［一九七八年］のB面に収録)。ジュリーが華やかにステージで歌っている姿がイメージできる楽曲でした。ああよかったと、胸を撫でおろしました。

イメージに寄り添わない

そして数日後、二曲同時にレコーディングすることになりました。沢田さんはグアムでの撮影から帰ってきたばかりで、ちょっと風邪気味だったのか、鼻声だったんですが、まず最初に「勝手にしやがれ」を歌ったんです。そうしたらそれがすごくよかった。

たとえば「危険なふたり」(一九七三年)であればどこかふわっとした、中性的なニュアンスで歌っていましたが、「勝手にしやがれ」は男らしく、あの情けない詩をパキッと歌えたんです。しかも、ちょっとあざといかなと思っていた「♪ワンマンショーで」が、すごくカッコよく聴こえました。もし、あそこであの詩を変えていたら、曲のよさが何パーセントか目減りしていたと思います。

阿久悠さんは、僕らが思うのと逆のものを沢田研二という歌い手にぶつけてきたんですよね。アーティストに寄り添わない詩をつくった。そこが阿久さんのすごいところですね。お見通しなんです。

そして、沢田研二のアーティストとしてのパワーはやっぱりすごいと思いました。一見ダサいかもと思うような言葉を、カッコよく新しく生き返らせてしまうんです。そういう人がダサいと思うものをカッコよく見せられたり、生き返らせることができる人がスーパースターで、次の時代をつくっていくんだということを、身をもって感じました。

この「勝手にしやがれ」の制作は、僕にとって忘れ得ない経験です。ものをつくるときのいろんなパワーが炸裂する瞬間に立ち会えたことが、僕の後の財産になりました。

ダサいものとカッコいいものは表裏一体

「ス・ト・リ・ッ・パ・ー」[*6]（一九八一年）については、どこか場末感のある世界をつくりたいというのがスタッフのなかにあって、まず作詞家の三浦徳子《よしこ》さんと詩の打ち合わせをしました。たとえとして「ストリッパーのような場末感のある退廃的なアルバム、曲をつくりたいんです」と言ったら、三浦さんが即座に「タイトルは〝ストリッパー〟がいいんじゃない」と。

そのころはストリッパーというと、ちょっと寂れた下町の、うらぶれたダサいイメージだったので、沢田研二とは今ひとつ結びつかなかったんですよね。

もともと沢田さんがつくったロカビリーっぽいメロディに三浦さんが詩を書いてくれました。最初にできた詩は「私はストリッパーよ」みたいな感じで、あまりにリアル過ぎてどうなのかなと思いました。でも、考えていくうち、「ストリッパーは裸になる」というイメージを言葉の比喩として表現すればいいんだと思いついて、何も隠さないことで愛は深まるというコンセプトに切り替えたんです。

でき上がった「♪愛はストリッパー」と言い切る三浦さんの詩は、パワーにあふれていました。

伊藤銀次さんがアレンジをして、そのとき結成したエキゾティクスというバンドでロンドンでレコーディングしたら、ニューロカビリーな感じでおしゃれでカッコいいサウンドに仕上がったんです。

世間的にはカッコ悪い印象しかなかった「ストリッパー」という単語でしたが、アルバムのなかから「ス・ト・リ・ッ・パ・ー」はシングルになり、アルバムのタイトルも自信を持って『S/T/R/I/P/P/E/R』にしました。

詩、サウンド、衣装、振り付け、そして本人の歌唱とすべてが合わさって、新しいパワフルな作品が完成したんです。この曲がヒットしたころには、最初の打ち合わせのときに感じていたうらぶれ感なんかは一切なくなっていましたね。それどころか「ストリッパー」という言葉が、すごくカッコいいものになった。沢田研二のアーティスト・パワーで、今までの言葉のイメージをあっという間に覆してしまったんです。

ダサいものとカッコいいものって、裏表一体みたいなところがあると思います。ダサいと思われるものには、みんなの心のなかの触れて欲しくない本音の部分があるのかもしれません。それがカッコよさというオブラートに包まれて表現されていると、気づかずに本音を受け入れてしまうんでしょうね。ダサさとカッコよさが二面性として機能すると広がるというか、より多くの人を包み込むことができるんだと、僕はそのとき感じました。

6 歌詞と楽曲も合わないほうがよい

沢田研二の「勝手にしやがれ」は大野克夫さんに曲をお願いしました。でき上がったとき、詩を書いた阿久悠さんに呼ばれて「この曲で大丈夫なの?」と聞かれたんです。

デモテープはナイーブでちょっとはねている要素の入った16ビートの曲でした。おしゃれだけど地味な感じに聴こえたんでしょうね。「これを8ビートに変えて、弾けたアレンジにしようと思っていますから大丈夫です」と言って納得してもらいました。阿久さんは歌詞を書きながら、きっと曲のイメージをしていたんでしょうね。大野さんの曲がそれとあまりにかけ離れていたから、不安になったのかもしれません。

僕は、ナイーブなメロディに弾けたサウンドというギャップ、情けない詩に弾けたサウンドというギャップ、ロマンティックでセクシーなジュリーに現実的で情けない詩という複雑なギャップがいい結果を生むことになったんだと思います。

寄り添わない詩と曲

僕が知ってるアーティストのなかでは松任谷由実さん、井上陽水さん、槇原敬之くん、藤原基央くん（BUMP OF CHICKEN）、みんな自分のなかにギャップを持っている気がします。どこかに二面性、あるいは多面性を持っているんでしょうね。自分の詩に対して違う角度からメロディをつけられるんです。けっして同じ角度で寄り添わない。

BUMP OF CHICKEN の仕事を始めたころ、藤くんにある詩を見せられたとき、ちょとクールだなと感じたことがありました。ところが、メロディがついたらすごく優しさが滲み出てくるんですね。詩の裏側にある真実が見えてくるんです。「曲がついたら優しい感じになったね」と言ったら、「そうでしょう」と答えたときの笑顔が印象的で今でも覚えています。

客観視できるひねくれ者

槇原くんも、オケをつくりながら自分で書いた曲のある部分に来ると、決まって笑いころげたりしていました。「この人、よく言うよね」って自分のつくった詩にツッコミを入れたりして。自分で「ここまで言わないとわからないよね」と思って書いている詩を、つい客観的に見て笑ってしまうところがすごいなあと思っていました。

才能のある人は、他人の目にはどこかひねくれていたり、クセが強く思えたり、あまのじゃくだったり、意地が悪く見えたりするみたいですね。僕にはすごく素直でピュアな感じに見えるんです。いいところも悪いところも全部さらけ出せるんですから。

大野克夫さんも、そういう意味で裏切ることができる人でした。阿久悠さんが沢田研二の「サムライ」の歌詞を書いてくれて、それをはじめて見たとき、僕の頭のなかにはハードロックが鳴っていました、それもギンギンのね。それで大野さんにお願いしたら、なんとバラードをつくってきたんです。

大野さんのなかで、相手のイメージの逆をつく曲を書くことに喜びを感じていたんでしょうか。それで相手を納得させたいというチャレンジ精神もあったのかもしれませんが、詩に寄り添わないことが多くの人に受け入れられる曲になるとわかっていたんだと思います。

7 基本を共有したら、あとは自由に

年齢とともに感じることですが、ずっと同じやり方では長く続きません。詩をつくる人、曲をつくる人との接し方にしても、若いころと同じでは仕事が成立しないんです。

タメロと敬語で気づいたこと

あるとき打ち合わせに僕が遅れて行ったら、僕のアシスタントだった福岡くんと作詞家の康

珍化さんが、山下久美子さんの制作について話し込んでいたんです。しばらくそれを聞いていて、ふと思ったのが「あ、康くんって僕に敬語使ってたんだ」ということでした。

ふたりがタメ口で話していたから気づいたことなんです。そのとき、僕はすごく考えましたね。自分としては対等に、タメのつもりで話しているんだけど、相手は年上の人に対する言葉で話していたんだな、と。これは、いろんなことを変えないといけないなと考えるきっかけになりました。

そのとき、僕は三〇歳を超えたぐらいでした。僕の尊敬する坂本龍馬が没したのと同じぐらいです。それで、今までの自分を葬ってやり方を変えようと思ったんです。まず包容力を身につけないと年下の人はついてこないよな、嫌われちゃうよなと思いました。

僕は、こうやりたいああやりたいという想いが強くて、ああしてくれこうしてくれと周りに押し付けるようなところがあった気がします。けれど、相手の言うこともっと聞かなくてはいけないと意識するようになりました。このままじゃ誰も一緒に仕事をしてくれなくなるんじゃないかと不安になったんです。それで少しずつ意識改革をするようにしたんですね。

具体的に伝えない

なかなかできるようにはならなくて、四〇歳を過ぎたぐらいから徐々にやり方が変わっていきました。

昔は「メロディ、このほうがいいんじゃないの」とか「詩、こういうふうにしたいな」とか具体的に言っていたことを、あまり言わないようにしたんです。僕がこれまでいろんな人と仕事をしてきたなかで得た守ったほうがいいこと――メロディや詩をつくるときの原則的なこととか、ギャップがあるほうがおもしろいとか、ヒット曲を出した経験なんかは伝えて、それを枠として捉えてもらって、あとはそのなかで自由に遊んでもらえればいいのかな、と思うようになりました。

歌詞は、僕の言葉と若い人の言葉は違うから、自分たちでいいなと思う言葉で歌ったほうがいいんですよね。でも大枠として、詩とは何かということは教えてあげたいんです。詩というのは、心で思ったことを絵が見えるように伝えるもの。だから「悲しい」とか「寂しい」といった言葉を使うんじゃなく、悲しいときにどんな気持ちだったとか、周りがどんなふうに見えていたとか、ものとか絵とかそういうものに置き換えたほうがいいよって。そんな話は最初にするようにしています。

曲づくりの自分なりの法則もたくさんあるので、それも必要に応じて少しずつ説明したりしています。

丸く歌わなきゃ

歌に関しても、歌い方を共有したら、あとは自由にやってもらいます。まず伝えるのは、なにしろ歌は丸く歌わなきゃダメだよっていうことです。尖ってはいけない、角ばってはダメ、丸くないと聴く人の心の柔らかいところに入っていけないから。

それを難なく理解できる人もいれば、わからない人もいるんです。持って生まれたセンスによるところも大きいから仕方のないことなんだけど、理解が難しい人には僕が何度も歌ってみせたりします。

槇原敬之くんのコンサートで、終演後に楽屋に行くと「木崎さん来てるのわかったからさ、すごい歌い方気にして歌ったんだ」と言われたことがあります。僕はそのとき、ちょうどプロデュースしていた若いアーティストに丸く歌って欲しいなと思っていたので、その視点から歌を聴いていたんです。やはり槇原くんの歌い回しとか言葉の伝え方とか素晴らしいなと思っていたところでした。

それを知るはずのない槇原くんが、「丸く歌え、丸く歌えって木崎さんにさんざん言われたからね」って言うんですね。僕、丸く歌うってことを言い出したのは最近だと思っていたから、ちょっと驚きました。槇原くんにも言っていたのか、と。僕が歌い方で気にしていることは、昔からあまり変わっていなかったんだと気づきました。

ただ、あとは本当にアーティストの自由。必要なときはもちろん手を貸しますけど、その人じゃなきゃ出てこないオリジナルの発想というのは、やっぱり自由な環境あってこそだと思います。

難しいという事実を伝えない

トライセラトップスのギター／ボーカルの和田唱《しょう》くんとは、彼が高校生のときに出会いました。僕は唱くんの声にすごく惹かれたんです。ギターも当時からかなり高度なテクニックをこなしていましたが、「サイドボーカルになりたい」とか、「ギターをもうひとり入れたい」とか言っていました。でもしっくりくる人がいなかったので、「唱くんがギターリフを弾きながら歌ったほうがいいんじゃない」と言いました。

実はそれ、すごく難しいことなんです。唱くんも「歌いながらじゃ弾けないリフがあるんです」と言っていましたが、それを無視して僕は黙って聞いていました。内心では、もしあんな複雑なリフを弾きながら歌えたらすごい、と思っていたんですけれど。そうしたら、彼はそのリフを弾きながら歌うことができるようになったんです。

人間の能力は量りしれないけど、周りが「さすがにそれは難しいね」などと言うことでリミッターがかかることがあるんです。だからレコーディングのやり方なんかも教えない方がいいんですよね。歌の録り方でもなんでも。そうすれば、自分でおもしろい方法を見つけることもあって、オリジナリティが生まれます。

⑧ その曲がヒットするかどうかなんてわからない

ヒットするかどうかということなんて、つくっているときには考えられないけど、毎回ヒットするために考えうる最善を尽くして作品をつくっています。こうすればヒットするはずだと考えられる知識、技術を駆使して僕は音楽を制作しています。

かつてイチロー選手も言っていました。「ヒットを打てるかどうかなんてわからないけど、毎回ヒットを打つと思って打席に立っている」と。それは「あそこでヒットを打てると思っていましたか？」という記者の質問に答えてのことでしたけど、そういう質問はものをつくったことのない人の発想なんでしょうね。

その時代のメインストリームを捉える

僕も「『勝手にしやがれ』は売れると思っていましたか」と聞かれたことがあります。思っていなかったとも言えるし、思っていたとも言えます。つくる前提としては、全部の曲をヒットさせるつもりでいるからです。

でも、売れるかどうかなんて、本当にわからないですよね。ヒット曲の法則を見つけたいと思って、今日まで研究しながら制作してきましたけど、ヒットする確率をより高くしようと努力を続けるしかないと思っています。

ただ、その時代時代のヒットゾーンというのは確かにあるんです。ポップミュージックのメインストリームはヒットチャート上に必ず見えていて、まずはそのど真ん中にいるアーティストを把握することが大事。そこと比較して、自分がプロデュースするアーティストの今の立ち位置がどこなのかを確認してから、やっぱりメインストリームの先を行くつもりで制作に入ります。

ヒットに繋がると思えることは、とことん分析したいんですよね、歌い方ひとつにしても。それでうまくいかなければ、また分析してやり直すだけです。その繰り返しですね。

⑨ 作品づくりはふわっとしたイメージを持つことから

どんなアルバムにしようかと考えるとき、最初に頭に浮かんでくるものには具体性がまったくありません。それはふわっとしたイメージに過ぎなくて、口でうまく言えないようなものなんです。アーティストとはじめて会うときもそうなんですが、僕はそういう感覚になることがけっこう多いんです。

たとえば誰かと仕事をすることになって、どうかな、やれるかなって考えたときにも、大丈夫そうなイメージがふわっと頭に浮かんだりするんです。

勘なのかな、と思っています。何か直感的なものがあって、それを頭に浮かべているうちに、人と話をしているなかでも「あ、それだ！」「こういうことなのか」と、抽象的だったイメージがだんだんはっきりしていくような感じなんですよね。

「モニカ」の主人公はL.A.のライフセーバー

曲もそう。どんな曲をつくろうかと考えていくとキーワードがいくつか出てきて、少しずつはっきりしてくる。ちょっとハードな曲をつくろうと最初に決めていたとしても、具体的にどんなハードな曲がいいのか最初はわからないんです。でも、ずっと気にかけていると、たとえば本屋さんに行ったときなんかに、欲しいヒントに巡り合えるような感じがするんですね。

吉川晃司くんの仕事をやることになったときもそうでした。どうプロデュースしたらいいのか、あったのはふわっとしたイメージだけ。

　僕はそのころ、デュラン・デュランなんかのイギリスの音楽が好きだったんですが、吉川くんは水球をやっていて、見た目が健康的だったので、アメリカっぽい感じがいいのかなあと漠然と考えていました。

　そんなふうに考えているうちに、いろんなキーワードが結びついていくんです。本人は「アーティストになりたい」「ギターを持ったマイケル・ジャクソンになりたい」と言っていました。特に「ギターを持ったマイケル・ジャクソン」はオリジナリティーのある発想でした。ふたつのものをくっつけるという発明でしたね。

　そんなとき、リック・スプリングフィールドが音楽シーンに登場しました。彼はオーストラリア人だけど、ポップなアメリカっぽい曲をギターを弾きながら歌っていて、こんな感じがいいな、とピンときたんです。そして『フットルース』という映画のケニー・ロギンスも気になりました。

　あとは主演のトロイ・ドナヒューが主題歌も歌っていた『パームスプリングの週末』という映画と曲を思い浮かべたりもしましたね。吉川くんはいつも「ああなりたい、こうなりたい」と大きな夢をよく話してくれていたので、そこから〝アメリカンドリーム〟という言葉も思い浮かびました。

そこで作詞家の三浦徳子さんと設定を考えたんです。デビュー曲になった「モニカ」（一九八四年）は、ファーストアルバム制作の最後の方でできた曲なんですが、まずタイトルは女の子の名前がいいかな、と。日本人っぽくないほうがいいな、みたいに考えていったら、どんどん具体的なイメージが湧いてきました。

主人公はL.A.の大学生で、夏休みにパームスプリングスのホテルのプールでライフセーバーのアルバイトをしていて、バカンスに来ていたお金持ちの一家の娘と恋に落ちるけれど、夏休みの終わりとともに恋も終わる。主人公はアメリカンドリームを目指しているから、彼女のことは好きだけどやっぱり勉強しようと思ってL.A.に帰る……というような。

そこまでイメージできれば、サウンドもどんどん具体化してくるんですね。

見えているものを書きなさい

最初は漠然としたイメージに過ぎなかったものが、考えているうちにいろんなものが引っかかってきたり、浮かんできたりして、形づくられていきます。

第二章でも書きましたが、僕がこの仕事を長くやってきて気づいたのは、人間って、興味があることだけが見えているんだということ。何か気になるものがあると、それがちゃんと目に入ってきます。逆に言うと、興味のないものは、見えてこない。脳にあるものだけが目に入ってくるんですね。

目を開けて見ていても、その人の興味のある情報だけが切り取られているんです。それでいいんです。切り取ることがアートだと思います。

だから僕は、「詩を書くときは、見えているものを書きなさい」とアーティストに言います。その人が見えているものに、その人の感情や考え方が表れていますから。毎日の生活のなかで感じたこと、そのときに見えたものを大切にして覚えておくことが、アーティストがやらなくてはならないことなんです。そのようにして本当に見て感じたことは、必ず伝わります。いい楽曲になると思います。

10 具体的で詳細な楽曲のイメージを持つ

昔は、曲＝メロディをまず考えることが多かったんですが、今はサウンドの感じを先にイメージすることが多いです。今の音楽は、サウンドの比重が大きくなっているように思いますね。

明るい曲の時代にマイナーなメロディを

アグネス・チャンさんをプロデュースしていたころ、明るい曲のヒットが続いたんですが、ちょっと哀愁のあるメロディを歌ってみるのもいいんじゃないかなと思ったことがありました。イメージしたのは、サイモン&ガーファンクルの「コンドルは飛んで行く」。

作曲家の森田公一さんに、そんなフォークロア調のマイナーな曲をつくってもらいたいと思いました。作曲の依頼をする打ち合わせには出席できなかったんですが、曲ができたという知らせを受けた日は、レコード会社のディレクターと一緒に森田さんのもとに出向きました。が、いざ聴いてみたら、思っていたのと違っていました。それで僕、「ちょっと思ったのと違うんですけど」ってそのまま言ってしまったんです。そうしたら、その場の雰囲気がすごく悪くなってしまいました。

森田さんが気分を害するのも当然ですよね。なにしろ僕は、曲を発注する際の打ち合わせにいなかったんですから。ともかくこの険悪なムードをどうしようかと考えていると、森田さんから「じゃあ、木﨑くんが思っていたのはどんな感じなの?」と聞いてくれたんです。「サイモン&ガーファンクルの『コンドルは飛んで行く』みたいなフォークロアの感じです」と言ったら、そのあとまた沈黙がずっと続いたんですよね。居心地の悪い時間でした。

でもしばらくして、森田さんが「じゃ、今日はキーちゃんのために特別サービスだよ」と言って、「今からつくるから」とその場でギターを弾きながら曲をつくってくれたんです。その途中で僕も「サビはやっぱり明るくしましょう、メジャーにしてください。そして最後はまた『帰れソレントへ』みたいに、暗くなってマイナーで終わりましょう」なんて口を挟みながら、結局一時間ぐらいででき上がりました。

その曲、結果的にすごく売れたんです。「小さな恋の物語」（一九七三年）という曲です。

曲の時代からサウンドの時代へ

アグネス・チャンは平尾昌晃さんが見つけてこられた歌手です。彼女の曲を平尾昌晃さんからいただいたときも、何か今ひとつキュンとこなくて、夜に平尾さんに電話して「このあいだの曲のことで相談があるんですけど」と言ったら「今からおいでよ」と言われました。

そこでその曲を直していただいたあとほっとして平尾さんと雑談をしました。ビージーズの話になって盛り上がったとき、平尾さん、ギターを弾きながら、口笛を吹き始めたんです。そのメロディがすごくよくて、そのまま朝までかけて一曲つくりました。それが「草原の輝き」（一九七三年）です。

当時は、曲をつくるときにそうやって〝ビージーズみたいな〟とか〝サイモン＆ガーファンクルみたいな〟というふうに、わりと具体的な曲のイメージがあったんですね。

ホリーズの「バス・ストップ」なんかは、日本人好みのマイナーな曲でしたから、作曲家に

「ああいう曲つくってください」って言った人、当時はたぶんいっぱいいたと思います。僕もそうですが、そうやって曲の感じだけを最初にイメージして、サウンドのことはあまり考えていませんでした。でき上がってから、曲に合わせてサウンドをつくっていたんです。

それが沢田研二の曲では、サウンドのイメージが先行することが多くなりました。たとえば「TOKIO」（一九八〇年）はテクノっぽい感じのサウンドがまず思い浮かんで、それに合わせてメロディをつけたんです。

イギリスのデュラン・デュランが出てきたころには、〝デュラン・デュランみたいな感じ〟という言い方をよくしましたが、そのころにはそれはすでにメロディではなくサウンドのイメージを指していました。

吉川晃司くんのときは、リック・スプリングフィールドとケニー・ロギンスのサウンドをイメージしましたし、やっぱり八〇年代の半ばぐらいからはメロディよりサウンドという感じになってきたと思います。

11 今気持ちいいサウンドを分析して、自分の法則に

アーティストが自由に創作できるように、大枠を教えてあげる、説明するという話は先ほども書きましたが、そのために僕も常に勉強しています。世の中はアップデートし続けているから、それをちゃんと学ばないといけません。

アーティストが「こういう音楽をやりたい」という話をしたときには、僕は「だったらこんなところを意識してつくったらいいんじゃないの」と言ってあげられないと、役割を果たせませんから。

興味が尽きないビリー・アイリッシュ

新しい音楽はちゃんと聴くようにしています、Spotifyでね。いいなと感じる曲に出会うと、つくり手がどのような想いでつくったのか気になります。僕はいろんなものが気になる質《たち》だけど、やっぱり音楽は特に気になるんですね。

二〇一九年にいちばん気になったのは、ビリー・アイリッシュというアメリカのアーティスト。でも、自分のなかで彼女の音楽の置き場所がないんです。よくぞレコード会社がこれを出

そうと決めたものだなと思ったので、デビューまで遡って調べてみたところ、自分が踊るための音楽をお兄ちゃんにつくってもらって、それをSoundCloudにのっけていたらみんなが聴くようになり、そのあとレコード会社のインタースコープが興味を持って契約した、ということらしいですね。

そこまではわかりましたが、どんな気持ちで曲をつくっているのか気になるし、音の構造はどうなっているのか、ライブでどう表現しているのか、本当に興味が尽きない。人に聴かせるとだいたい「暗い」とか「わかんない」とか言われましたが、僕はカッコいいなと思ったんです。

一〇〇万人ぐらいは

そんなふうに気になったらどんどん調べて、何かわかれば自分の知識にすればいい。音楽的な好みで言えば、僕は少し偏っているのかもしれないけど、自分がつくる音楽を一〇〇万人ぐらいの人はいいと思ってくれると信じています。

12 聴いてよかったら法則はあっさり破る

同じメロディは二回繰り返したら次は展開させるのがいい、という法則を自分でつくりました。でも三回以上繰り返してもいい、と思う場合も出てくるんですね。同じメロディでも言葉が変わっていくとしつこく感じなかったり、歌い方がすごくグルーヴィーだと三回四回繰り返していても、飽きないときもあるんです。

耳で聴いてよかったら、たとえ法則から外れていても、聴いた印象のほうを優先させることが大事ですね。自分でつくった法則に縛られてはなりません。いちばん信頼すべきなのは、自分の感性なんです。

既存の法則が当てはまらないビリー・アイリッシュ

ここのところ僕が気に入って聴いているビリー・アイリッシュは、既存の法則が当てはまりません。同じくよく聴いていたケイティ・ペリーやマルーン5、テイラー・スウィフト、ブルーノ・マーズともいろんな意味で違って、プロフェッショナルに仕事をしてきたプロデューサーたちにはなかなかできない方法論で音楽をつくっているように感じます。

たとえば、近ごろの洋楽はAメロとサビでコード進行を変えることがあまりなかったんですが、ビリー・アイリッシュはけっこう違う進行にしていたり、昔っぽいコードの流れもあれば、極端に音が少ない構成もあります。

バラードっぽい曲であれば、僕ならリズムのあるメロディがいいなと思うところですが、サウンドにもメロディにもはっきりしたリズムがなかったりするんですね。彼女の前では、僕の法則はけっこう崩されてしまいました。

それは言語における文法みたいなものです。いつも若い人によって壊されて、新しい文法に書き換えられてきたのとよく似ていますね。音楽の文法もいつも新しく書き換えられているんです。

最近では、大きな声で歌う人が少なくなっていて、僕もビリー・アイリッシュの小さな声で歌う歌い方は好きなんですけど、正直こんなに受け入れられるとは思っていませんでした。

時代を追い越していく音楽

ビリー・アイリッシュの真似はなかなかできないと思います。曲がそこまでいいかと言われれば、ちょっと疑問が残るところもあります。でも彼女は、今は曲よりも、世界観の表現がいちばん重要になってきているということを教えてくれています。彼女の世界観のつくり方が、他の全部をＯＫにしてしまっている気がしますね。

「バッド・ガイ」という曲は誰が聴いてもリズムがはっきりしていて、メロディも立っているので、ここを入り口にするともう全部好きになってしまうような、そんな魅力があるんだと思います。

だから、これはちょっと「参りました」という感じですよ。彼女の音楽は、僕のなかになかった法則でできているようです。ただ、時代を追い越していくのは、いつもこういうものなんでしょうね。

ポップミュージックはメロディの時代からサウンドの時代へ、そしてサウンドの時代から世界観の時代へと変わってきた気がします。

13 いいと思わないときは、何が足りないのか見つける

先日、今僕がプロデュースしているアーティストの曲を聴きました。マイナーキーで一曲つくってみようという事前の打ち合わせのもとにでき上がった曲だったんですが、これがなんだかジメジメしているんです。

一発勝負で聴く

まず最初に聴いたときが勝負です。集中してフラットな気持ちで聴きます。こういうのはそう何度も聴くものじゃないんです。そのときにどう感じるかがいちばん大切ですから。

今回であれば、ちょっとジメジメした感じだなと思ったわけです。そこで考えるのは、何が原因でそう聴こえるのかということ。そこを突き詰めることで音楽的に、詩的に何を変えればいいかわかるからです。そのときはなかなか結論が出せず、そのうち眠くなって寝てしまったんですね。

そして朝起きて、改めて聴いて、自分としての結論を出せました。Aメロ前半のメロディがメロディック過ぎ、ファとシが入り過ぎだから情緒感が強く出過ぎていて、特にサビの一行目のメロディがくどい、そこを直せばよくなると思う、と。だから「もうちょっと一本調子のメロディを意識してみたらいいいんじゃない」と、電話で伝えました。

核になるものが大切

もし、次の手直しでまたダメだったら、同じことを繰り返せばいいんです。パッと聴いて、何がよくないのかを感じればいい。あるいは、最初からつくり直すのも手です。メロディでも歌詞でも、創作の過程で一フレーズでもフックになるもの、核になる部分を見つけられたら、曲はその先に進めるんですよ。

14 歌詞とは、心という見えないものを可視化したもの

悲しいとかうれしいとか、好きとか嫌いとか、歌詞になるのはそういう感情ではあるんですが、言葉そのままだと伝わりにくいものだと思うんですね。一曲ぐらいはストレートに「好きだ!」とか「悲しい」とか「うれしい!」とかいう曲はつくれるでしょう。でも、何曲もそれでいけるわけじゃない。となると、好きという気持ちを何かにたとえていくことが、詩の基本だと僕は考えています。

その気持ちになったときに見えてくるものを描く

「君からのメールを見て眠れないんだ」という詩なら、眠れないということで好きな気持ちを表現している。「雲みたいに形を変えてしまう気持ち」だったら、ふたりの関係が定かではないんだろうなと想像できますよね。

そういう意味では、俳句とも似ています。「古池や蛙飛びこむ水の音」も、風景描写をして

いるだけではありませんね。そこにある静けさから、寂しさや人生のはかなさという気持ちを表している。ある気持ちになったとき、心を動かされたときに目に入ってくるものを描くことが基本じゃないかと思います。

伊勢正三さんは、その表現に長けていましたね。それをテクニックと言ってしまえばドライな印象になってしまいますが、たとえば「海岸通」[*7]という曲では、サビに「♪港に沈む夕陽がとてもきれいですね／あなたをのせた船が小さくなってゆく」とあるんです。大切な人が離れていく寂しさ、その心に見えたものが、沈んでゆくきれいな夕陽だった、と。気持ちが動かされたときの絵を置いておくことで、素晴らしい一曲になるんですね。

「なごり雪」[*8]の「♪去年より／ずっと／きれいになった」もキュンとくるところですよね。別れるときに彼女がきれいに見えてしまうというのは、なんだかすごく真実を感じます。そういうふうに見えたんだろうなって思わせる一節です。

心が動いた瞬間に見えているものを記憶する

そういう意味でいうと、槇原敬之くんや松任谷由実さんも感情を目に見えるものに置き換えるのが上手だと思います。

あるとき、槇原くんがこんなことを言いました。「この前、友達みんなで鎌倉に行ったんだけど、風が強くて、海辺でタバコに火をつけようとしたらなかなかつかなかった。シルバーのZippoのライターだったんだけどね。そしたら友達がぐっと手をかざしてくれて、やっと火がついたんだ」って。そして「これを歌にしたいな」と言うんです。

どんな歌詞かというと「彼女との最後のドライブで鎌倉の海岸に来て、彼女が手をかざしてくれたおかげでタバコに火がついた。別れていくふたりでもまだ一緒にできることはあるんだね」。それを聞いて「いいじゃない」と答えると、「まだ先があるんです。だからといって、後戻りしても僕らは幸せになれないよね」と続けました。

ひとつの絵が見えたら、それが歌になる。時代は違えど、おそらく松尾芭蕉だって同じように表現していたんじゃないでしょうか。

これはまた別の話ですが、槇原くんのコンサートがどこか地方であって、そのあとで「木﨑さん、蛍が出るとこあるから見にいこうよ」って誘われて、見にいったことがありました。

そのとき「蛍の光ってすごく儚いですよね。この光を歌にしたいんです」って。僕、思わず「それってどんな歌?」って聞いたんです。そうしたら「まだ付き合い始めて間もないふたりが、浴衣を着て蛍狩りにくる。だけど、僕らの関係なんてまだ、この蛍の光みたいにはっきりしない、いつ消えちゃうかわからないようなものだよね。みたいな感じですかね」と。

槇原くんが見たタバコの火や蛍のことは、結果として曲にはならなかったんですが、いい詩をつくる人というのは、日常生活のなかで敏感に自分の心が動かされた瞬間に見えているものを覚えておく能力があって、それを絵に変換する準備を常にしているんだと思います。

タイトルには具体的な絵を

これは禁じ手ではありますが、悲しい悲しいと連呼するのもありだと思いますよ。ただ、この節のはじめに書いたように、そういう詩だと何曲もつくれない。逆に具体的な絵があれば、同じ気持ちを描きながら何曲もつくれるんです。言いたいことって、実はそんなにないものです。だから同じことを歌えばいいんです、違う絵を描きながら。

その流れで、タイトルは感情ではなく、見えているものを表す言葉がいいだろうなと思っているんです。「悲しくて」というタイトルよりも、「ニキビ」とか「そばかす」とか、「○○の月」とか、そういうほうが僕は好き。

「また会いたい」よりも「メロンパン」という曲に惹かれますよね。それは、互いにメロンパンが好きで付き合い始めたふたりの物語かもしれないし、メロンパンが原因で別れる話かもしれない。そんなふうにいろんなストーリーがメロンパンから出てくるから、そこに気持ちを乗せていくような作詞の方法をアーティストに薦めています。

15 まずはタイトルを

阿久悠さんと仕事をして気づいたことのひとつに、タイトルが先にあるといいというのがあります。タイトルとは何かというと、コンセプトを端的な言葉で表現したもの。それが最初にあることで歌詞で伝えたいことやイメージ、向かうベクトルが合ってくる。そうなれば完成までブレずにやれると思うんですね。逆に言えば、タイトルがないと言葉もイメージも集まってこないんです。

本の背表紙を眺めて

阿久悠さんは、いつもタイトルを探していました。「こういう感じのタイトルでつくりたいんだよね」と言いながら、常にタイトルをいくつも持っていました。

僕もそれに影響を受けて、本屋さんに行っては並んだ本の背表紙を眺めるというのを繰り返していました。村上春樹さんの『風の歌を聴け』なんて、ああ、いいタイトルだなと思って。いつもタイトルだけを追っていると、それ自体に流行りがあることもわかってくるんですね。いつしか持ち歩いていたメモ帳がいっぱいになって、タイトル集みたいになっていました。

タイトルが先にあると作業的にも苦労しないんです。なぜなら、いちばん大変なのはやっぱり作詞だから。メロディは♪フンフンフンってハミングしていればできてしまうようなところがあって、ある意味、感情的で情緒的なものなんです。だけど詩というのはロジカル（論理的）なところがあるので、書き上げるには相応の時間と労力が必要です。

昔はメロディが先で、あとから詩をつけるというやり方をしていました。詩が後回しになってしまうと、ボーカルレコーディング当日にまだ歌詞ができ上がっていなくて、結局、午後一時に開始の予定が六時ぐらいまでかけてスタジオで歌詞を書いて、そのまま歌をレコーディングするという綱渡りをやっていました。僕はこういう作業を経験して、これは本当に効率が悪いなと反省しました。

やはりタイトルを決めることがいちばんパワーがいるし勇気もいるので、みんなついつくり易いメロディを先行させてしまうんでしょうね。タイトル、歌詞、メロディ、この順番が作業がいちばんスムーズだし、メロディと詩もはまりがよくなるし、いい曲をつくるための最善の流れだと思います。

タイトルはサウンドもつくる

タイトルに誘発されるのは、音も同じです。アグネス・チャンの「星空の約束」（アルバム『アグネスの小さな日記』収録、一九七四年）のレコーディングのときに、ローズ（Rhodes Piano）を弾いていたミュージシャンがすごくいいイントロを弾いてくれたんです。譜面に〝星空〟というタイトルが書いてあったから、こういうフレーズが出てきたんだと思いました。

その当時は、詩もタイトルもないままレコーディングをすることがよくあったんですね。譜面にはただ〝M1〟とか〝M2〟と書いてあるだけ。そういう譜面からは、きっとこういうイントロは出てこなかったんじゃないかなと思ったんです。やっぱりタイトルがあると世界観が見えやすいんですね。

僕も今までやってきた仕事のなかでは、最後の最後に悩んだ挙句に絞り出したようなタイトルもあるんですが、もしもそのタイトルが先に決まっていたら、詩の中身はもう少し違ったものになったかもしれないなと思ったことがあります。

「糸井さん、沢田研二の次のアルバムの曲タイトルだけ考えてもらえませんか？」

沢田研二のアルバムをつくるときに、糸井重里さんとはじめて仕事をしました。

僕はもともとコピーライターとしての糸井さんの作品をすごいなあ、とその発想にびっくりしていました。「おいしい生活。」とか、なんてシンプルで響く言葉なんだろうと。

そんなとき早川タケジさんに「会ってみたら？」と言われたんですね。早川さんというのは、スタイリストの草分けみたいな人で、僕との仕事では沢田研二のスタイリストから始まって、レコードジャケットなどのビジュアルも手がけてもらっていました。当時、社会的にタブーとされていたものを、彼は全部沢田研二にぶつけてきたんです。化粧や女装、カラーコンタクトにタトゥー、さらにミリタリーテイストの衣装など、ハイセンスで尖っていた人でした。

まず頭に浮かんだのは、糸井さんのコピーのように端的でカッコよくて、想像力を掻き立てる言葉がタイトルに欲しいなあということでした。そのころはすでにタイトルの重要性をすごく意識していたからです。

実際に会った糸井さんは、想像していた以上におもしろい人で、すごく好きになってしまいました。だから、意を決して言ったんです。「糸井さん、沢田研二の次のアルバムの曲タイトルを考えてもらえませんか?」って。

そうしたら、ふたつ返事でオーケーしてくれました。そして考えてくれたんです。原稿用紙一ページにひとつずつ、タイトルが書かれていました。それをドキドキワクワクしながら、めくっていきました。二〇個ぐらいはありましたかね。自分ではとても想像がつかないような、おもしろいタイトルがいっぱい。もちろん「これ使わせてください」と、すぐに言いました。

そのなかからアルバムタイトルに選んだのが『TOKIO』(一九七九年)です。日本人の名前っぽくもあったし、フランスの空港での東京の表記でもあるから、まさにこれから国際都市になろうとしている東京もイメージできていいタイトルだなあとピンときました。

そこから、いろんな作詞家に糸井さんの考えてくれたタイトルだけ渡して、歌詞を書いてもらったんです。糸井さんにも「TOKIO」と「MITSUKO」の詩をお願いしました。「TOKIO」はすぐにシングルカットされ、結果として大ヒットしましたし、あれ以来TOKIOという言葉もメジャーになりましたね。

ただ、糸井さんに本当に失礼なことをしてしまったのではないかと、僕は今でもずっと気にしているんです。作詞のオファーをする前に、アルバム全曲分のタイトルだけを先にお願いしてしまったんですから。

16 伝えたい相手を決める

安藤秀樹くんというシンガーソングライターがいます。彼のプロデュースを引き受けるかどうかまだ回答をしていなかったときのこと、彼がイギリス旅行中に僕に絵葉書を送ってくれたんです。その文章がすごくよかった。それで、一緒にやりたいなと、気持ちが大きく傾きました。

対象を決めると何を書くべきかわかる

その絵葉書に書いてあることを、そのまま歌にすればいいんじゃないかなとさえ思えたんですね。というのも、彼は僕に向けて伝えたいことがあって、その言葉を記したからです。伝えたい相手がはっきりすると、言葉というのはベクトルが合ってくるものなんです。

それ以来、アーティストの曲づくりに際しては、「誰にこれを言いたいの？」というところから話すようにしています。男性アーティストが歌うとすれば、伝えたい相手は彼女か、男の友達か、みんなか、あるいは自分自身か。いずれにしろ対象を決めると、その人に何をわかってもらいたいのかが具体的に浮かんできます。つまり、何を書くべきかがわかる。

最初の段階ではけっこう曖昧なまま歌詞を書いているアーティストも多いんですが、誰に何を伝えたいのかが明確になると、言葉のベクトルが合って、歌としてそれはより強いものになるんです。

17 状況設定がしっかりしていれば、言葉は自然に出てくる

僕が四〇代のころ、日本語を習っているドイツ人の女の子がこう言ったんです。「若い子た

ちが喋っている日本語と、学校で習っている日本語は違うような感じがする」って。それは本当のことなので、僕は「そうだね、ちょっと違うんだよ」と言いました。そうしたら彼女が「じゃあ、若い子が喋っているみたいに話してくれない？」と。その瞬間、僕は何も言えなくなったんです。頭ではわかっていても、とっさには何も出てこなかった。

シチュエーションと言葉

それで、シチュエーションを設定してみたんです。授業に出るつもりで大学に行ったら入口に休講の知らせが貼ってあった。そのとき、観たかった映画のことを思い出して、友達に電話をして映画観にいこうよって誘った——そこまで想像して、やっと言葉が出てきたんです。「今日学校に来たらさ、休講になっててさ、ムッとしたんだけど、そういや前から観たかった映画があったじゃん、だから電話したんだ」って、若い子たちのように。

そのとき、状況設定があれば、言葉というのは出てくるものなんだと思いました。言葉は絞り出すものじゃなくて自然に出てくるものなんだ、と。

たとえば、ミュージカル。僕はミュージカルの楽曲にはいい作品が多いと思っているんですけど、それはきっと状況設定が明確になったうえで作詞作曲をしているからだと思うんです。要するに、脚本とリンクしているから伝わるんですね。

脚本はト書きとセリフで構成されています。ト書きは詩における状況設定なんです。たとえば、午後四時、渋谷のカフェ。主人公のA子は映画の上映まで時間があったので、近くのカフェにひとりで立ち寄ります。お店のBGMは洋楽の曲。カフェオレを注文して、スマホを見ていると、突然、1年くらい前に別れた元彼がかわいい女の子と笑いながら入って来た。自分にはまだ新しい彼はいない。次の瞬間元彼と一瞬目があった。

ここまでが状況設定で、ここでその曲のイントロが始まります。

この状況で元彼に言うこととか、実際には口に出さなくても頭のなかで言うセリフが歌詞になります。

「相変わらずあなたは楽しそうに毎日を生きてるんだね。でも私はそこが嫌だったの。辛いことや悲しいことも、あったはずなのにぜんぜん話してくれなくて、距離を感じたから……」みたいにです。

状況設定が具体的であればあるほど、その主人公が思ったこと、言いたいことが自然と言葉になって出てくるものです。そして、ト書きのように説明しなくても、聴き手にちゃんと状況が見える歌詞ができると僕は思います。

具体的な行動を言葉で記すと詩になる

人間は反応する生き物なので、シチュエーションがはっきりすると言葉は自然と出てきます。あるシチュエーションに対して、どういう行動をとるかを考えることも、大切な詩の要素になります。

はじめて福山雅治さんと仕事をしたときに、お互いのことをよく知らないまま詩をつくることになりました。ラブソングにしなければならなかったんですが、彼はそれまでラブソングをあまり書いたことがないとのことでした。

それでも話していくうちに、付き合い始めたふたりがデートして、車で送っていくというシチュエーションが見えてきたんです。

「好きになったら、どうしてあげたいの?」「なんでそうしてあげたいの?」みたいに質問をすると、福山さんからは「僕の好きなところに連れていってあげたいです」とか「僕をわかってもらえるようになりたいから」とか、すうっといろいろな言葉が出てきました。

彼は自分の考え方や価値観をしっかり持っていたから、「好きな人ができたら」というシチュエーションで、好きな人にどんなふうに好きと伝えるかとか、どんなふうに自分を理解してもらいたいかとか、明確に出てきたんですね。

そこまできたら、あとはまとめるだけです。

あとから聞いた話なんですが、福山さんは、それまでそんなふうに自分をさらけ出すような表現の仕方はしていなかったようで、僕のインタビューに驚いていたそうなんです。だけど、見られたり知られたりすると恥ずかしいと思うくらいのことじゃないと、人の心にもきっと響かないですよね。

詩は心を表現する言葉でできているものだと思い込みがちですが、実は「こんなことをしてあげたい」とか、「どんなことをして欲しい」とか具体的な行動を言葉で表現するのも大切なんです。

大切な誰かの誕生日にどんなことをして喜ばせようかと考えて、サプライズでいろんなことをする人がいますけど、それも言葉にすれば詩になります。

今度どんな髪型にしたいとか、こんな服を君にプレゼントしたいとか、野球を見に連れていきたいとかも、そこに理由があったら詩になりますね。

18 ふたつの矛盾した気持ち、考え方の葛藤が歌詞になる

昔ありましたね、「♪帰りた〜い帰れな〜い」(「帰りたい帰れない」[*9])という歌詞が。だいた

い歌というものには割り切れない気持ちが表現されていて、割り切れてしまったらそもそも歌にはならないんです。

好きな気持ち半分、嫌いな気持ち半分、そのパーセンテージはいろいろあれど、一〇〇パーセントの気持ちというのは歌として色気がないかもしれませんね。

葛藤こそが歌になるのだと思います。

何パーセントかの諦め

たとえば、「あなたの優しいところが好きだったから、あなたの夢をイヤだと言えなかった」というような小さな矛盾は、人間関係のなかでよく生じます。「あなたのこんなところは大嫌いだけど、その笑顔を見ると一緒にいたいなと思う」みたいなのも同じ。人間というのは、割り切れない現実を悩みながらも決断するんです。

だから「あなたと一緒にいたい」という言葉になっていても、それは一〇〇パーセントの感情ではなくて、そこには必ず何パーセントかの諦めがあると思ったほうがいい。歌詞に描かれた物語がハッピーエンドでもどこかせつないのは、何かを諦めているのが伝わるからなんですね。

割り切ったように見せるせつなさ

松井秀喜選手がニューヨーク・ヤンキースに移籍したとき、現地で記者会見を開きました。そのとき日本の記者からの「こちらで何年かやった後また日本球界に戻ってくるつもりはありますか」という質問に、彼は「ありません」ときっぱりと答えたんです。

僕はそれを聞いた瞬間、キュンとしました。せつない気持ちになった。人間が何かを決断するときには、その想いが一〇〇パーセントではないと思うんです。その覚悟の裏で何かを諦めたり、何か犠牲にしたものがあるはずです。

これはあくまでもいちファンの想像に過ぎないことですが、松井選手は日本の野球が嫌いで日本球界を捨てたわけじゃないでしょう。でも、アメリカで野球をやり切るために、保険を掛けなかったんだろうな、と。やっぱり何かを決断する人間にはせつなさが漂うものだなと、そのとき改めて思いました。

音楽で表現すべきは、まさにその割り切れないのに割り切ったように見せることのせつなさ、なのかもしれませんね。

19 感情的になると、人はセンテンスで語れない

歌詞というのは、すごく感情的なところと理知的なところが織り交ざっているものだと思います。理知的な部分が先行すると、理路整然となってしまうことがあるんですが、歌詞はそうじゃないほうがおもしろいですね。

歌詞は文章でなくていい

たとえば、ヤカンが置いてあって、それをひっくり返してしまって、お湯を浴びて熱かったという場面があるとします。歌詞では、それをそのまま理路整然と言葉にすることはないですよね。

まず「熱いな」とくる。そのあとで「誰なんだよ」「こんなところにヤカン置いてんのは」と続けば、あえて言葉にしなくてもヤカンにお湯が入っていたことがわかりますよね。歌詞はつまり、文章になっていなくてもぜんぜんいいんです。

気持ちって、単語を並べるだけでも伝わるんですよ。それを感じたのが、うちの子供が「パパ、あんこ」って言ったときのことです。まだ小さくて、それこそ限られた単語しか話せなか

ったころだったけど、単語ひとつで、あんこのお菓子が食べたいんだなってわかったんです。歌詞もそのぐらいで十分。足りないところがあっても、メロディがちゃんとそこを埋めてくれますから。

メロディが感情を担う

昔、阿久悠さんの詩を見たとき、電文みたいだなと思ったことがあったんです。簡潔明瞭でなんだかサバサバしていて情緒がないように感じました。一つひとつの単語がはっきりして強かったからでしょうね。

でも、それにメロディが乗ると、サバサバしていたところに潤いが出てくるんですね。詩にはどこか理屈っぽいところがあるんですけど、メロディがつくと情緒や感情を担って、気持ちにすうっと入ってくるものになりますね。バランスも取れていて、なるほど音楽とはこういうものかと思いました。

電報にメロディをつけるとわかりやすいんです。電報は単語の連続ですよね。「ハラヘッタカネ オクレ」だけだとドライな印象だけど、これに「♪かあさんが～夜なべをして～」（「かあさんの歌」*10）みたいな悲しいメロディをつけたら、「♪腹減った～金送れ～」というメッセージがもう死にそうな感じで伝わります。軽やかで明るいメロディで「♪ハラヘッタ！　カネオクレ〜！」なんて歌えば、ちょっとコメディタッチでかわいいでしょう。

同じ「ハラヘッタ カネ オクレ」でも、メロディによって情感が変わってくるんです。まさにそれが言葉とメロディの関係性なんですね。歌詞は伝えたい気持ち、考え方で、文章である必要がなく、メロディはその詩に情感を与えます。

第五章　クリエイティブなライフスタイル

アルファ波、すなわちリラックスしている脳波が優位になっている状態のときに宇宙と繋がる感じがあるんですね。もしかすると逆で、宇宙とシンクロするとアルファ波が出てくるのかもしれない。順番はどうかわからないけど、そういう状態になるといろんなことがうまくいくんです。

ゾーンに入る

僕は大学生のとき、バスケットボールをやっていたんですけど、その試合中にはじめてそれを経験しました。

ディフェンスがすごく苦手だったんですね。ディフェンスって、とにかく自分が好きには動けない。オフェンスの人とバスケットゴールの間に入ってシュートを打たせないようにするのが仕事だから仕方ないけど、相手の動きに合わせるのは辛いです。

ところがあるとき、相手の靴に神経を集中していたら、相手がどう動くのかが読めるようになったんです。ふだんならディフェンスってすごく疲れるのに、そのときはすごく勘が冴えて、ぜんぜん疲れないし、おもしろいように相手を抑えられました。

時間にして七、八分ぐらいだった気がします。あまりにうまくいくのでいろいろ考えていたら、いわゆる雑念が入ったのか、その感覚はすうっと消えてなくなってしまいました。

これは、スポーツ選手がよく言う「ゾーンに入った」ということだったんだと思います。何かひとつのことに集中していると、他のことが無になるんですね。アルファ波が優位になって自分の周りに静けさと神聖な雰囲気が漂い、空気が乱れない感じがして、勘が冴え渡るんです。宇宙と一体になった瞬間だと思います。

集中を続けて無になる

渡辺音楽出版に新入社員として入ったとき、鎌倉の円覚寺に泊まりがけで研修に行って、座禅を組みました。会社の研修の一環で、新入社員は全員参加。はじめての経験でさまざまなことに驚いたり、戸惑ったりでしたが、いろいろ気づかせてもらいました。

座禅というのは無になるためにやることだけど、そのためには何かひとつのことに集中するんです。たとえば数字を数えることだけに集中するとか。集中を続けていくと、他が全部無になる。すると先ほど言ったように宇宙のリズムとシンクロできるんです。そのときがいちばん人間の力が発揮できる状態なんだと思います。これはあくまでも僕の個人的な感覚なんですけど。

お坊さんたちは毎日仏様の前で無になる練習をしているんだと思いました。ということは、僕らは仕事の現場でそうなれたらいちばん力が出せるんじゃないかな、と。だから、僕らはお寺で修行するんじゃなくて、仕事の現場で無になる修行を積まないといけないなと感じたんです。アーティストなら曲をつくるときや、マイクの前でレコーディングするとき、ステージの上や、カメラの前でも。

曲が降りてくるとき

無になる、ゾーンに入るという感覚はアーティストにこそ必要だと思います。ミュージシャンがその状態になればいいライブができるし、作詞や作曲していてもきっとそう。

曲づくりのときは、いい曲をつくろうとか、いつまでに仕上げないとヤバイなんてことを思って雑念が入ると、なかなかいいものはできないんじゃないかと思います。邪念を振り払って、集中していると、無になってアルファ波が出るものだと思います。

犬の散歩をしていたり、シャワーを浴びていたり、眠りに落ちる前だったり、何も考えていないようなときにふとアイデアが浮かぶというのも、同じような状況でしょうね。

そこで欲をかいて、絶対いい曲を今日はつくるぞとか、いい曲ができたら今度こそヒットさせるんだとか、あるいは明日のライブの段取りとか、インタビューで何を答えようか、ああしてこうして、こうすればうまくいくかな、とか考えてしまうともうアルファ波は消えてしまいます。

雑念から解放されないと、本当にいいアイデアは出てこない気がしますし、いいライブパフォーマンスも、いいレコーディングも、いい写真もできにくいと思います。

曲をつくる人がよく言う「降りてきた」というのが、まさにゾーンに入った状態で曲ができたということなのかもしれません。

だとすれば、なるべくそういう状態をつくるために、その技術を身につける努力をすることがプロフェッショナルな仕事の仕方ですよね。お坊さんたちが座禅を組んでやっている修行も、それを身につけるための練習なんだと思います。

勝つ選手のアルファ波

たとえばテニスを観ていても、勝つ選手はアルファ波が出ている感じがするんです。まず、選手を取り囲む空気が乱れていません。それはどこか神聖な感じで、ピーンと張り詰めた空気がその人の周りにはあるんです。ミスをして声を上げたりもするんだけど、その空気は決して乱れないんです。揺らがず、ずっとそこにある。そういう選手がだいたい勝ちますね。

大坂なおみ選手の試合を見ていると、まったく乱れないときと、すごく乱れるときがあります。彼女はきっとまだ自分でその状態をつくり出せないんでしょうね。だからアスリートは、メンタルトレーニングに注力するんだと思います。座禅を組んで無になろうとすることと、同じではないでしょうか。

ゴルフでも、先週まであんなにダメだった人がどうして今週はこんなにうまくいくんだろう、ということがよくあるんです。それは技術力もさることながら、メンタル力によるものなのかなと思います。メンタル力は、いかに無になり、アルファ波を出して、宇宙とシンクロするかということだと思います。

うまくいっているときほど何も考えない

ヨガの本などを読むと、宇宙との繋がりみたいな話はけっこう出でくるんですが、そういった宗教的、精神的な話ではなく、科学的に分析することもできるんです。いや、実際は科学的かどうかはわかりませんが、自分はそう信じています。

人間は細胞が集まってできているでしょう。人間もまた、より大きなものの細胞のひとつなんじゃないかと思うんです。つまり人間は宇宙の細胞のひとつとして存在していて、だから宇宙とうまく連動できたときがいちばん力が出る。そして、その状態になるためには、無になる必要があるんじゃないか、と。

僕は実は、ジャンケン大会でどうもその力を発揮しているようなんです。忘年会みたいなイベントで、全員でジャンケンして勝った人が残っていくというやつ。今まで三回優勝しているんですよね。

方法は、無になることです。勝ちたいなんて決して思わず、ただ何も考えない。でもそれは簡単にできることでもないので、好きな曲を頭のなかで歌うんです。すると、それ以外のことはすべて忘れてしまう。そんななかでパッとグー、チョキ、パーのどれかを出すと、決まって勝ってしまうんです。

ただ、あるとき決勝まで行ったんですが、ふと「僕はどちらかというとお客さんをもてなすほうの立場だよな？　ここで勝ったら話にならないよな？」と思ったんです。そうしたら、あっさり負けてしまいました。邪念が入るとダメですね。

ゴルフをやっているときも、パーがふたつ取れたりすると「こんなにうまくいくなんてありえない」なんてことを思ってしまって、次はすぐダメになる。何も考えずに突っ走るというのは、口で言うほど簡単なことではないんですね。

ただ、うまくいっているときほど、何も考えないということを、意識的にやるようにはしています。考えるのは、うまくいかなくなってからいくらでもできますから。

リラックスするとアイデアが出る

ふだんの生活では、シャワーを浴びているときが、ゾーンに入るのとはちょっと違うとは思うんですが、無になるような感じがしますよね。何かを考えるでもなく考えていて、ふと我に返って「あれ、リンスしたっけな？」なんてことがしょっちゅうあります。

犬の散歩をしているときもたまに似たような感覚になることがありますし、あとは寝る前の時間かな。最近だと、ベッドに入ってもスマホを見ている人が多いと思うんだけど、ちゃんと目をつぶって、眠りに落ちるまでの間をボーッと過ごすんです。

そのときは考えるというより、頭のなかに絵を浮かべるような感じですね。あの彼女と付き合いたいなとか、あそこに住みたいなとか、イタリアに行きたいなとか願望を思い描くんです。

僕の場合、そんなふうに思い描いたことが実現できた場合が多かった気がします。科学的には何とも言えないのですが、僕としてはアルファ波が出ているだろうなと思える時間なんですよね。

少なくとも、副交感神経が優位になっている時間であることはまちがいないと思います。リラックスしている時間には意識的にものを考えないので、それがいいんでしょうね。

コンサート会場でも意外とアルファ波が出ていると思います。コンサートを観ながらぜんぜん違うことが頭に浮かんでいることが、意外に多いですから。きっと多くの人が経験していると思います。大音量に包まれて、なんだかこう解放されたような感覚になって、ふと気づくといろんなことを考えているんですね。いろんなアイデアも浮かんできます。

レコーディング・スタジオのソファに座っているときも、いいアイデアが浮かぶことが多いんです。リラックスできるのと、あとはやっぱり音楽がある場所だからかな。会議室でアイデアが出てこないとき、音楽を聴きながら話をすると案外出てきたりするんですよね。

僕はだから、会議はアイデアを出す場じゃなくて、それぞれがリラックスできる場所で得たアイデアに対して、「よし、それをやろう」「それはダメだ」と決定するだけのものでいいんじゃないかと思っています。

音楽を聴くって、いろんな効果がありますよね。何かの曲を聴いていてせつない感覚に陥ることがあって、それが何なのかと探っていくと、昔の記憶をその音楽によって呼び起こされていたということもありますね。自分が生まれる前のもっと前の記憶が脳のどこかに入り込んでいて、それを呼び起こされるような感じを覚えることもあります。遺伝子に刻まれているのかな、何か関係あるんじゃないかなって、これも科学的に証明はできないですけど、僕は信じているんです。

② 願望は口に出して言う

口に出すことは大事です。たとえば、僕があるアーティストに興味があるということをあちこちで言っていると、どこかで誰かがそれを覚えていてくれて「そういえばコンサートのチケット一枚余ってるよ」なんて声をかけてくれることがありますから。

公表する効果

親戚に、雪の結晶が大好きな子がいるんです。それをモチーフにしたグッズを集めていて、その話もよくしている。すると、旅行先なんかで雪の結晶のグッズが目に入ってきて、僕はその子へのお土産にとそれを買いますよね。その人がそれを好きだということを周りの人たちが知っていると、その人のところに好きなものが集まってくるんです。

つまり口に出して言うことが大切なんです。言わなければ、当然ながら誰にもわからないことですから。アイドルの子が「チョコレートが好き」とプロフィールに載せていれば、関係者やファンからプレゼントされたりもするでしょう。

音楽でも、どんな仕事でも「あの会場でライブをやりたいな」とか、「あんなことをしてみたいな」とか、どんどん口に出すことで実現する確率が高まると思います。

とにかく好きなもの、欲しいもの、やりたいこと、願望は口に出して言ったほうがいいし、なんなら公表したらいい。うまくいく確率がかなり上がると思います。

「好き嫌い」は自分自身を他人に伝えること

よく考えたら、人間は基本的に、好きなことと嫌いなことを口に出して言ってるだけのような気がするんですよね。たとえば好きな／嫌いなアーティストのこと、好きな／嫌いなタイプ、好きな／嫌いな食べ物、それぞれを具体的に語っていくと、だんだんその人が見えてきます。自分の外側にあるものについて好きだとか嫌いだとか言うことによって、人間の個性や内面はつくられていくんじゃないかなと思うんです。それを見て取った他人が、かわいい人だなとか、おもしろい人だなとか評価をするんだと思うんですよね。

もっと抽象的なこともそうですね。自分にとっての優しさとはどういうものかとか、自分にとっての強さとはどういうものかとか、幸せとは、愛とは、恋とはなど、いろんなことを語っていても、その人の好き嫌いが見えてくる。

自分の願望は口に出したほうがいいんです。好きなこと、嫌いなことを言うことは、自分自身を他の人にわかってもらうということでもあるんですよ。

3 自分がうれしかったことを人にしてあげる

「自分がうれしかったことを人にしてあげる」というのは、「自分がイヤだったことは人にはしない」ということとセットです。

感想文へのプレゼント

昔、大好きな童話があって、読者ハガキみたいなのが付いていたから、感想を書いて送ったことがあるんです。すると、忘れたころに小さな小包が届いた。

そのなかには、今でいうところのフィギュアっていうのかな、ガラスの蓋のついた木のケースに小さなお人形が入っていたんです。童話の主人公のお人形で、作家さんがつくったものでした。

感想文のお礼として送られてきたものでしたけど、全員にプレゼントされたのか、抽選で当たったのかはわかりません。でも、とにかくうれしかった。それは、期待していなかったのに送られてきたというれしさです。サプライズですね。

そのとき、今度は自分もこういうことをしたいなあと思いました。こういううれしい思いを、誰かに感じてもらえたらいいな、と。

〝思いがけない〟が動かす人の気持ち

槇原敬之くんがデビューする直前、販売促進のためにレコード店の店頭にサンプルCDを置いてもらうという話が持ち上がりました。五曲入りで、それぞれの曲が途中でフェードアウトするというもの。僕は反対したんです。「タダで何の努力もしないでもらったものには愛情が入らないから、ちゃんと聴いてくれないんじゃないかなあ」と。

当時、槇原くんには宣伝の予算があまりなくて、せいぜいファッション誌のモノクロ三分の一ページの広告ぐらいしか出せませんでした。そこを槇原くんのことを伝えられるコーナーにしようと提案したんです。

そして、レコード会社が〝はじめましてグリーティングカード〟というのをつくりました。広告に応募方法を載せて、欲しい人みんなに送りますという形でね。僕らはそれに最初からサンプルCDをつけるつもりでしたが、それを伏せて広告を出したんです。だって、思いがけずCDが届いたほうがうれしいじゃないですか。

その後の追跡調査で、サンプルCDを受け取ったうちの何割かの人が、アルバムを買ってくれたということがわかりました。そもそもグリーティングカードに応募すること自体、興味があるという証拠だし、そこに思いがけないCDがついていたらやっぱり聴いてくれますよね。〝思いがけない〟ことって、少なからず人の気持ちを動かすんです。

褒めるは間接、批判は直接

そしてもうひとつ、僕が心がけているのは、相手を褒めたいときは第三者を介そうということです。

「○○さんが木﨑さんのことをすごいと言っていましたよ」と言われると、やはりうれしいですよね。本人を直接褒めるのもいいですけど、機会があれば他の人にも「彼は素晴らしい」「彼女には才能がある」と言います。間接的に褒められるほうが、案外リアリティがあるんじゃないかと思うんですよね。直接向き合って話すと、もしかしたらお世辞と捉えられることもあるかもしれないと思うからです。

逆に、批判は直接言うべきだと僕は思っています。第三者から「○○さんが木﨑さんのこと悪く言っていました」と聞かされたら、そりゃあ気分が悪い。本当にイヤな気持ちになるものだと思います。だから僕も、批判や否定を伝えたいときは、必ず直接本人に言うようにしています。

「自分がうれしかったことを人にしてあげる」と「自分がイヤだったことは人にはしない」、

これは生きるうえでの基本ですよね。

4 興味がないことにも一歩踏み込んでみる

昔は、自分が興味がないことをやっている人には、会う必要はないと思っていました。だけどあるとき、カラオケの審査員の仕事を依頼されたんです。カラオケはあまりやったことがなかったので、どんなものかよくわかっていなかったんですが、とりあえず担当の人に会ってみることにしました。そうしたら、すごくおもしろい人だったんです。カラオケのお店まで連れていってくれて、いろいろと教えてくれたんですよね。それが楽しかった。

そして僕はそれ以来、彼といろんな仕事をするようになりました。お互い持っていないものを補完し合える関係は、うまくいくものなんですよね。

自分の世界が広がる

はじめて行った洋服屋さんで、「お似合いだと思いますよ」と薦められた服が、自分の趣味とはまったく違うものだったことがありました。僕としては眼中にないんだけど、店員さんが

「一度着てみてくださいよ」って言うから、しぶしぶ試着室に入って試着して、鏡を見るとやっぱり突飛過ぎる。

でも、試着室を出ると、その店員さんが「お似合いですよ」と。もう、ビックリです。

僕はもちろんそれを買うつもりはありませんでした。でも、その服を着たまま他の服を探して店内をウロウロしていると、あちこちに鏡があるのでいちいち映るんですね、好きじゃない服を着た自分が。それでも、五分もするとだんだん見慣れてくるんです。

次第に、これは案外斬新かも、パンツが変わればそんなに派手に見えないかも、なんて思うようになってきて、結局、僕はその服を買ってしまいました。

興味がない服も、着てみたら案外似合うかもしれなくて、それで自分の世界がちょっと広がることがあるんですね。

歳をとるに従って、自分が好きなものが固定化して、保守的になっていくのは人の常ですから、もうこれは闘いです。凝り固まったものを内側から打破すると言えばカッコいいけど、自分でやるのは難しいです。服の場合は、単にお店の人が「お似合いです」って言ってくれたから、自分の価値観が広がったんですよね。第三者の意見は客観的なので、信じてみるのも悪くないと思います。

人間は自己変革をするのが難しい生き物です。だから、外から攻められて変われることが多いのだと思います。黒船という外圧で変わった江戸時代や、外資が入って変革する会社もそうです。スポーツチームも外から来た監督の手腕で大きく変わったりしますね。

だから僕は、趣味じゃないなと思った服でも、薦められたらとりあえず着てみることにしています。僕は自分の可能性をどこまでも追求したいからです。最初から拒否するようなことは、今となってはありません。

何回も聴くといい曲になる

先ほどの服のことで、ひとつ気づいたことがあるんです。似合わないと思っても五分も着ていればなんだか、だんだん慣れてきて、よく見えてきたんですが、これ、音楽も同じなんですよ。まず五分聴かせることができたら、いい曲だってわかってもらえる可能性がかなり大きくなる。イントロだけ聴いて飛ばされないようにするのはなかなか大変なことだけど、とにかく一回ちゃんと聴いてもらうことが大事なんです。

なぜなら、繰り返し聴くことによって、その音楽を好き嫌いにかかわらず覚えてしまいます。CMで何度も聴いて覚えてしまった曲を、多くの人が好きになるのはそのためです。何かのきっかけで興味を持ってもらって、何回も聴かせることができれば、それはその人にとってきっといい曲になっていくはずなんです。

人は瞬時に好きなものと嫌いなものを、無意識に選択しています。そういう意味では、すでにでき上がった価値観を変えるのは大変なことなんですが、それと同時に、興味さえ持ってもらえれば、一曲を五分くらいで好きにさせることも可能なんです。僕もそうやって保守的な殻を破って好きになった曲がいっぱいありますから。

人間は保守的でもあり、柔軟でもあるんですね。このへんの心理をうまく捉えることができれば、いいプロモーターになれるんでしょうね。

5 目標があればイヤなことも辛くはない

人の悪口を言ったり、会社への不満を言ったり、人のせいにする人は、目的や夢がない人が多いと思います。夢や目標がないと、人は現状に目が向き過ぎてしまうんです。そうすると不満や愚痴が出るんですね。

サラリーマンでも、酒を飲みながら愚痴っている人がいますよね。ああいう人は夢がないか、夢を忘れているかのどちらかです。なりたい自分が見えていたら、愚痴を言っている暇なんかないはずなんです。

未来のことを考えることでしか人間は生きていけないはずです。未来のことを考えるのが想像力ですし、創造力です。何もない真っ白なキャンバスに絵を描くことほど楽しいことはないはずなのに、みんな現実に負けてしまって、今のことでいっぱいになってしまいがちなんですよね。

すべての発明や新しいものは、未来を考えた人からしか生まれません。

目標を持つのがいちばん

目標を達成するためなら、イヤなことも乗り越えられるものなんです。そう辛くはないはずです。がんばれます。目標がなければ、ただ辛いだけですね。だから、アーティストにがんばってほしいときは、目標をもたせてあげることが有効なんです。

「樟脳舟」というオモチャがあるんだけど、若い人たちは知らないかな。プラスチックでつくった小さい舟のお尻に、防虫剤に使われる樟脳のカケラをつけると、水の上をすいすいと動き始めるんです。樟脳が水に溶けることで何らかの化学反応が起きるからですね。

何か目標をもっている人って、樟脳舟みたいに急に動き出すことがあるんですよ。僕の仕事は、アーティストに樟脳をつけてあげることのような気がするんですね。

人間は目標があるとまっすぐ進むから無駄がない。よく「勉強になるから何でもやってみたいです」って大人になってから言う人がいるけど、僕に言わせるとそれは無駄なんです。もう勉強している暇はないんだから、やりたいことを好きなようにやりながら、失敗したりしながらいろいろなことに気づいていくんです。そのほうがずっと勉強になります。

自ら退路を断つ

昔、渡辺音楽出版の洋楽部門にいた人が、本当は制作がやりたかったということで、会社を移って念願の仕事に就きました。すごく喜んでいました。

でも、その後、当時売れていたあるアーティストからマネージャーになってもらえないかと打診されたとのことで、僕に相談があったんです。もちろん反対しましたよ。「だって、やりたかった制作の仕事にありつけたばかりでしょ?」って。でも彼は「いや、でもやっぱり、いろんなことを勉強しておくのもいいかなと思っているんです」と。

僕、すごく怒りました。だって三〇歳も過ぎて、目標に向かって動いているところを方向転換するなんて、もったいないと思いましたから。たぶん、彼はやりたいことより、必要とされることに魅力を感じたんでしょうね。

ブレないためには目的が必要だし、哲学や自分らしい生き方を持っていないといけません。目的を曖昧にしてブレまくっていると、失敗した経験も次の肥やしにならなくなってしまいます。

僕も三〇歳を過ぎたころ、もう一生音楽をやっていこうと思いました。それまではフラフラしているところがあったんですが、腹を決めるといろんなものが見えてくるものですね。

要は、可能性のなかからひとつを選択する。目的を絞る。不必要なものを捨てる。自分で退路を断つことで、本当の意味で人生の目的に向かっていくことになり、さまざまなことを発見できて、より深い知識を得られるのだと思います。

⑥新しいものには必ず否定する人がいる

新しいものをつくろうとする人には、とにかくタフな気持ちが必要です。だいたい人間というのは、未知のもの、わからないものに対して恐怖心を覚える生き物なんです。防衛本能が働いて、最初は拒絶するか、自分が知っている何かに関連づけようとする。

考えてみれば、今の世の中はほんの一部の才能のある人によってつくられた物であふれています。僕たちはその恩恵を受けて暮らしていますが、それらができた当初は、そんなものできるはずがないと否定していたか、気がつきもしていなかったはずです。

吉川晃司くんがデビューしたとき、僕に「声がジュリーっぽいですよね」と言った人がけっこういました。誰かに似ていると言いたがるのは、自分の知っているものと結びつけることによって安心感を得たいから。

否定した人が認める瞬間

もちろん、僕にだってそういうところはあります。ニューヨークに行ったとき、グリニッジ・ヴィレッジで「ここは下北沢みたいな感じかな」なんてつい言ってしまったり。人間にはそういう本能があるのかもしれませんね。

ビートルズも出てきたときは相当否定されたでしょう。AKB48だってそうですよね。まあ、僕も否定したひとりですが。でも、否定した人すら認めざるを得なくなる瞬間というのが、いつか訪れるものです。当の本人は否定したことを覚えていないかもしれませんけどね。

直感を信じて突き進む

たとえばちょうど「勝手にしやがれ」をリリースするタイミングで沢田研二さんのチーフマネージャーになった人がいるんです。その人、この曲があんまり気に入らなかったらしくて「これはこれで俺もがんばって売るから、次はもっといい曲つくれよ」って、僕は言われたんです。

でも、沢田さんはこの曲でレコード大賞を獲りました。そのことを何年か前に彼に話したら、ぜんぜん覚えていなかったんです。こういうことって、言われたほうは傷ついてずっと覚えているものなんですよね。

そんなふうに否定している人も、どこかのタイミングで認めることがある。だから、ものをつくる人間は、自分の直感を信じて突き進んだほうがいいと思います。

僕も若いころは、ただただ突き進んでいた気がしますね。若造が作曲家の先生のところに行って曲を直してもらえたのは、余計なことを考えていなかったからです。先生を怒らせてしまうかなとか、失礼かなとかいう不安より、ここをこうすればもっといい曲になるという確信が勝っていたからだと思います。

7 自分が納得できた仕事だけが糧となる

沢田研二さんのレコーディングでのこと。アレンジについてちゃんと打ち合わせをして、いざスタジオで音を出してみたら、僕が打ち合わせのときに想像していたのと違っていました。でも、マネージャーや周りのスタッフは一様に「いいね」と言っているんです。自分の感覚とはちょっと違うけど、みんながいいと言っているんだから、これはこれでいいのかなと、そう納得しようとしました。

「面倒くさい」と思われても

だけど、これが世の中に出て、売れたら売れたで自分に自信がなくなってしまうだろうし、売れなかったら売れなかったで後悔が残るだろうなと思ったんです。自分が納得していないからなんですよね。楽譜上ではもっと心地よいノリになるはずだったんですけれど、演奏された音はイメージと違っていました。

自分が思っていたのと実際に出ている音とでは何が違うのか、それが解らないとアレンジャーやミュージシャンに説明できないので、スタジオを出て静かなところで、頭のなかで歌ってみました。そうしてやっと気づいたことをスタジオに戻ってみんなに説明しました。

そのときは、ベースの人と僕との譜面の解釈が違うんだなというところに行き着いたんです。そもそも解釈の仕方が違う人に対して「こんな感じで」「こんなノリで」という抽象的な注文をしても伝わらないと思ったので、その人のところに行って「もうちょっと、こんなフレーズに変えてください」と具体的に言いました。すると、やっぱりどこか面倒くさそうに譜面にメモをするわけです。そりゃあそうですよね、彼だってプロなわけだし、腹も立つでしょう。

事実、当時の僕はスタジオミュージシャンから〝おじゃま虫〟と呼ばれていたんですよ。何回も直しを入れるから、最終的にはもう譜面がぐしゃぐしゃになってしまうんです。

スタジオに入ると「あっ、また来た」なんてよく言われたものです。自分が関わっていることに責任を持つと言えばカッコいいけど、自分の考えるとおりにつくれば、もっといい曲になると強く信じていました。

そういう経験を経て僕も少しずつ、ミュージシャンのプライドを傷つけないように伝える方法を学んでいきました。

神様を怒らせた若造

スタジオミュージシャンもだんだんと柔軟になったというか、みんなで一緒に作品をつくっている感覚があるので、今ではプライドが邪魔をするようなことは滅多にないですね。キャラメル・ママが出てきたあたりからそんな感じがします。

彼らよりも古い時代のスタジオミュージシャンは、正直言って大変でした。まず僕が若いころに出会ったのは、ジャズをやっていた人たち。ポップミュージックを「こんなのは音楽じゃないよ」とどこかで思っていたんでしょうね、リハーサルで録った音のプレイバックを聴いてもらえないこともありました。

その次に現れたのが、元グループサウンズのバンドをやっていた人たちで、音楽にも詳しい人たち。怒って帰ってしまった人もいました。

〝大物の編曲家の先生が帰っちゃった事件〟というのもありましたね。その方には、沢田研二のアレンジをいくつもやっていただきましたが、業界ではもう神様みたいな人でした。

ある曲を録っているなかで、ブラスのダビングをやった日がありました。フレージングのつくり方に抑揚がないなと感じたので、僕はスタジオに入っていって編曲家先生に提案したんです。ブラスセクションのミュージシャンが七、八人いるところで「吹き方をこんなふうにやってもらえるといいんですけど」みたいに。

その場ではわかったとか、わからないとかのやりとりをふつうにやっていたつもりだったんですが、本番を録ろうとしたら先生がいない。スタッフにどこに行ったのか聞いたら、「ちょっと家に用ができて、先に帰りました」と言うわけです。いや、そんな家の用っていったい何なのかとさらにたずねたら、「実は、ご立腹されて家に」と。

彼はブラスセクションの人たちから〝先生〟と呼ばれていて、ものすごくリスペクトされていたんですね。その人たちの前で、たかだか二六、七歳の若造にアレンジのことを言われて、プライドをひどく傷つけられたみたいです。

僕は後日ひとりで先生の家に謝りに行きました。何がいけなかったのか反省したんです。それ以来、僕は人を傷つけない言い方や、言うタイミングについて、もっと考えるようになりました。

納得の仕事に伴うリスク

ちゃんと謝りに行った後、次のまた次の作品ぐらいで先生に仕事をお願いしたんですが、やっぱり怖かったですね。

大編成のストリングスが入っている曲で、リハーサルのときからスタジオの中に入っていけない雰囲気がありました。それはもう任せるしかないなと思って。それが彼との最後の仕事になりました。和解できたのか、できていないままなのか今でもわかりません。

ただ、自分が納得いくまで仕事をするということは、それなりのリスクも伴うということですよね。それを学ばせてもらいました。自分が思ったことを貫くのと、ちゃんと趣旨を理解してもらうこととの両立は難しいです。

⑧ 渡辺晋という指針

他人に「それは無理だよ」と言われると、燃えますね。

大丈夫なこと、やっても問題ないよということなら、その人がやればいいんです。何のリスクもないことをやるなんて、考えただけで僕はモチベーションが下がります。逆に「そんなの無理だ」と言われると、モチベーションがぐんと上がる。誰もやったことがないことをやりたいなと思うんです。

新しい組み合わせだったり、思いがけないやり方だったりで、十分おもしろくなりますから。

今まで僕がやってきたことは、最初は理解されないことが多かったんです。でも、渡辺プロダクションの社長、渡辺晋さんがいちばん認めてくれていました。山下久美子さんも、吉川晃司くんも、大澤誉志幸くんのこともいいと言ってくれましたね。

会議をおもしろくしろ!

渡辺音楽出版に入社した当初、当たり前ですが始業時間にはちゃんと出社していました。一〇時だったかな。他の業種に比べれば充分遅いですが、もともと朝が苦手な僕には相当に辛かった。制作の人たちは朝あまり来ていなかったこともあって、だんだん行くのが遅くなってきたんですね。

当時の業界は、取引先や仕事相手も午前中から稼働しているところが少なかったので、定時に出社してもやることがないんです。スーツもいい加減イヤになってきて、ネクタイを外すところからルーズになり始めました。

制作部に異動すると、周りも出社時間がバラバラなんです。仕事で夜が遅くなるから、朝早く会社に行けないということなんですが、ミーティングがあるときだけなんとかたどり着くような状態でした。

それで一度、社長の渡辺晋さんに怒られたんです。「君は朝礼に出ていなかったな。なんで来ないんだ」と。朝礼は月一回、朝一〇時からでした。深夜まで仕事していると無理でした。それで「いや、あの、黒いスーツ着た人たちを見ると気持ち悪くなっちゃうんです」みたいな適当なことを言った記憶があります。

あるとき会議に出なかったときも「木﨑、なんで会議に出ないんだ」と言われて、「出ても意味がないと思います」なんて言っていました。このときはさすがに怒鳴られるかなと思ったんですが、なんと社長は僕の直属の上司にこう言ったんです。「木﨑がつまんないと言ってるぞ。もっと会議をおもしろくしなくちゃいけないんじゃないか?」と。

注文するときは、ひとりひとりの好みを

会議のとき、近所の喫茶店から飲み物を出前してもらっていたのですが、あるとき、人数だけ数えて、「コーヒー二杯ね」と注文した社員がいたんです。社長はすかさず注意しました。「ひとりひとり飲みたいものが違うんだから、全員に聞きなさい」と。

クリエイティブな人は、人の好みは千差万別だということを知っているし、それを尊重しようとします。でも、面倒だからという理由もあるのでしょうが、自分の好みを押しつけたり、画一化したりすることに疑問をもたない人もいます。そういう人は想像力が足りないように思います。アートや音楽などはたったひとりの発想が多くの人の共感を得るものです。人と違う個性が元にあることが前提ですから。人と違うことを僕らは大切にしなくてはいけないですね。

実はBUMP OF CHICKENがぼくたちと仕事をしてもいいと思ったきっかけのひとつは、これだったそうです。初めて事務所にきたとき、社員がひとりひとりに「なにが飲みたいですか」と訊ねたので、「ああ、ここはクリエイティブな場所なんだな」と思ったと、あとで聞きました。

一見些細なことのようですが、大切なポイントだと思います。

株価とヒットの関連性

昔、作曲家先生がレストラン経営を始めたとき、社長がすごく怒ったことがありました。「そんなことをやっていると売り上げなんかが気になって仕方ないだろう。いい曲がつくれなくなるぞ」と。

僕はそばでその話を聞いていて、正直、そんなことは関係ないんじゃないかなと思ったんです。音楽とレストラン経営はまったく別の話ですから。

でも、その後、僕の考え方がまちがっているんじゃないかなと思わされる出来事がありました。

当時、僕と同じように芸能事務所の音楽出版部門にいた人と仲よくしていて、食事をしたりお茶をしたりしながら、よく仕事の話をしていました。あるとき彼が「最近、株をやっているんだ」と話し始めたんです。日本の首相が外遊すると必ずどこかで経済的な取引があるから、そういうことに目をつけて上がりそうな株を買っておくんだというような、一般的な株取引の話だったんですが、政治と経済はリンクしているから「毎日じっくり新聞読んでるんだよ」と。

僕は、その話を聞きながら、ちょっと違和感を覚えました。なぜって、彼はそういえばそのころヒット曲を出していなかったからです。もちろん、株をやっていることと、ヒット曲が出ないことに関連があるのかどうかはわかりませんが、それ以来僕は新聞を読むのをやめたんです。

若いころはまったく興味がなかったけど、自分もだんだんと政治のことを考えるようになっていた年齢だったので、ちょっと危機感を覚えたんですよね。へたに世の中を知ってしまうことで服やヘアスタイルの流行や、人気の俳優のことなど日常的なことへの興味を失って、ヒット曲を出せなくなるんじゃないかと。

そして同時に、渡辺晋さんが作曲家の方に話したことを思い出して、やっぱり社長の言っていたことは正しいのかもしれないと思いました。

嫌われても伝える

年を重ねるにつれ、渡辺晋さんの正しさ、すごさがわかるようになりました。僕も若いころは、あれこれ言われることにいちいち反発していたんですが、年齢を経て経験を重ねると、やっぱり晋さんの言っていたことに一理あるんですよね。

だから、彼のことを悪く言う人はまずいない。喧嘩をして会社を辞めていった人もいるけれど、たとえば自分で会社を立ち上げたりすると、やがて晋さんの言っていたことが理解できるようになってその偉大さを知ることになるわけです。

僕も自分が若い人に伝えたほうがいいと思ったことは、たとえ嫌われても伝えようと思っています。

僕のなかには、晋さんの言葉が今もずっと生きているんです。

制作現場の勘と会社経営

僕も今、自分で会社をやっています。

渡辺音楽出版を辞めてすぐはフリーランスのプロデューサーとしてひとりで活動していました。資金提供の申し出もあったし、バックアップしてくれる人もいたんだけど、それは全部お断りしたんです。

あるレコード会社の社長さんと仕事をしたとき、彼が「僕がやりたいのはいい音楽、おもしろい音楽、売れる音楽……」みたいなことを言っていたんですね。ああ、利益を考えないと会社の社長ってやっていけないんだって、僕はその言葉を聞いたときにそう思ってしまいました。いちマネージャーだったときは、彼もそんなふうに思ってなかったろうけど、やっぱり社長になると、好きじゃない音楽も手がけなくちゃいけないんだなと。

現場で制作に関わるプロデューサーとしては、経営を考えると勘が鈍ってしまうような気がしたんです。〝売れるかどうか〟という視点だけであっちもいい、こっちもいいとなると、感性がダメになりそうだなと思いました。だから、僕は会社をつくるのはやめて、フリーのプロデューサーという立ち位置を選びました。

ハングリーじゃないと獲物は捕まえられない

ただ、個人で始めたのはいいけれど、税務署が来たりして最初はすごく大変でした。僕はそういうことにとても疎かったんですね。翌年に支払わなきゃいけない税金のことなんかまったく考えず、稼いだ分を全部使っていたんです。経費が多過ぎることも指摘されたので、自分がフリーでやりやすい環境をつくるために個人事務所を立ち上げることにしました。

そのあと、体を壊したことが大きなきっかけではあったんですが、年齢的なことも考えて、ひとりじゃない仕事もいいんじゃないかと思い始めて、今の会社を設立したんです。

ただ、お金のことに関しては、毎年使い切ることをスタッフに宣言しました。「僕らはアフリカの草原にいるライオンと一緒だから、ハングリーじゃないと新しい獲物を捕まえられないよ」なんて言って、最初のころは本当に何も考えずあるだけ使っていたんです。そうしたら、経理の人の具合が悪くなった。結局退職してしまったので、さすがに僕も少し反省して、考え方を改めたんです。

それでも未だにお金のことは、大まかなところはわかるけど、細かいところはぜんぜんわかりません。今まで二五年以上何とかなってきたから、大丈夫だろうなと楽観的に思っているんですけどね。

9 カッコつけて生きていたい

ライバルというか、あの人に負けるのはイヤだなっていうのは、音楽をつくるうえでもありました。僕がいつも気になっていたのは加藤和彦さんです。

彼がプロデュースした作品は気になりました。僕は彼と仕事をたくさんしましたし、曲もつくってもらいました。プロデュースの作風が違っていたので、そんなに比べようもなかったんですが、ヨーロッパのデカダンな雰囲気が僕にはちょっとスノッブ過ぎると思っていました。

「全部読んだよ」

六本木にあった加藤さんの家に行ったときのことです。映画に出てくる外国の家みたいに、床から天井までつくり付けの本棚がありました。本がぎっしり詰まっていて、上の方にあるものはそこに掛けてある梯子を上って取るんです。それがもう、すごくカッコいい。

でもどうせ飾りなんだろうなと思って「この本、読んだんですか?」って聞いたら、「全部読んだよ」って。もう、嘘だろ、カッコつけ過ぎだろ、と思いました。

サディスティック・ミカ・バンドにしろ、ヨーロッパ三部作にしろ、加藤さんはとにかくオシャレだったんですよね。僕もその雰囲気は好きなんだけど、自分はもっと青臭くいたいと思っていましたし、加藤さんのオシャレな作品が多くの人に受け入れられるとは思えなかったんです。

その半面、どこかですごく羨ましかった。僕は、ヒット曲を出さないと仕事がなくなってしまうという緊張のなかで仕事をしていたので、優雅に作品づくりができる加藤さんが羨ましかったんですね。どこかで僕のほうがいっぱい売っているのに、と、ひがんでいたのかもしれません。

でも、やっぱりいちばん悔しかったのは「全部読んだよ」でしたね。

カッコつけまくって死んでいく

それから何年か経って、僕は加藤さんのカッコつけまくる生き方を改めて尊敬することになったんです。男はどこまでもカッコつけなくちゃダメだ、本当のことは誰にも言わなくていい。そう思うようになりました。加藤さん、亡くなりましたけど、最後までカッコつけ続けたんだろうなと思います。

なぜそう思ったのかというと、僕が「この人カッコ悪いな」と思った人がいたからなんです。

その男の人、死ぬ間際まで奥さんに内緒にしていたことがあって、それは好きな女性がいたとか、今もいるとか、そんなことでした。彼はあろうことか、それを死ぬ間際に奥さんに告白したんです、「ごめんね、実は……」と。

本人は告白したことでスッキリして死んでいったのかもしれないけど、残された奥さんのことを考えたら言うべきではないですね。自分の人生の醜いものは、墓場まで持っていくべきなんじゃないかと思いました。

その話を聞いたとき、僕は加藤和彦さんを思い出したんですよね。人は死ぬまでカッコつけて生きるべきだと思いました。

10 我慢し続けていると、きっとすてきなものが手に入る

これは若い人たちに言いたいことですね。音楽をやっていても、辛いことはたくさんあります。目的を見失うことだってあるし、そんなときに先々のことを考えようとしたって何も見えないから、すべてがイヤになってしまう。でも、どんなに辛くても続けていると、先が見えてくるものなんです。

僕はまず、大学がイヤでイヤでしょうがなかった。僕が通っていた駒場東邦高校というのは、

比較的上品な子たちが集まっていたんだけど、大学に入ると全国からいろんな学生が集まってくるでしょう。育ってきた環境も違うので、自分から見ると理解できない考え方とか、行動をとる人が多くいてなじめなかったですね。でもそれはまだまだ甘かった。

渡辺音楽出版に入ったら、もっとすごかったんです。なにしろ挨拶が「ばかやろう」から始まるんですから。イヤだなぁと思いました。なじめなかったです。最初のころはいつも辞めたいと思っていました。

点が入ったら楽しくなって

僕は大学生のときにバスケットボール部に入っていました。それまでちゃんとやったことがなかったので、わからなかったのですが、毎日すごく走らされるのがイヤでイヤで。なんでこんなに走らなきゃいけないんだろうと思って、辞めたいなと思いつつ、先輩が怖くて言い出せなかったんです。

しかも周りは中学、高校からバスケットをやっていた人ばかりで、僕だけが初心者。だからすごく下手だったし、練習もつまらないしで、本当に辛かったです。

でも三年生になって、ちょっと試合に出してもらえたんです。相手に押されながらもジャンプシュートを打ったら入って、全部で六ポイント入れられたんですね。そのときはじめてバスケットボールが少しわかって、楽しくなってきたんです。辛かった練習も、「これはあのプレーのための練習なんだ」みたいに理解できるようになって、いつの間にかバスケットボールを楽しめるようになっていました。

麻雀もそう。大学のときに覚えたんですが、最初はもうつまらなくてつまらなくて、しょうがなかったんです。ルールが複雑で負けてばかりだし、徹夜することになったりで、何が楽しいのか、と。でも、それでもずっとやっている間に少しずつやり方や戦術を覚えてくると頭でいろいろイメージできるようになり、勝てるようになって、楽しくなってきました。

翻訳と著作権にうんざりが晴れて制作に

会社に入ったときも、イヤでイヤでしょうがなかったんです。英語ができるからということでたまたま人の紹介で入社して、初対面の人たちに囲まれてビジネスレターの翻訳をしつつ、著作権の仕事もして、覚えることがたくさんあってつらかったです。

だいたい、渡辺音楽出版が何をやっている会社なのか、そこもよくわかっていなかったんですよね。音楽出版っていうことは、ピアノの楽譜でも出しているのかなと思っていたんです。曲をつくったりする会社であることは、入社後けっこうあとになってから知りました。

制作の仕事をするようになったのは、たまたま会社にピアノがあって、それを弾いているところを上司の人に見られたのがきっかけです。「ピアノが弾けるなら、採譜できるか？」と聞かれて、「できます」と言ったら、採譜を頼まれるようになりました。「採譜したものはどうするんですか」と聞いたら、「レコーディングするんだよ」と。

僕は中学生のころから曲をつくるのが趣味だったので、レコーディングに興味があって、上司に頼んでスタジオに連れていってもらいました。それ以来、昼間は海外との手紙のやり取りをして、夜はスタジオに行く生活。

自分でも曲をつくっていたので、レコーディングを見学するなかで音楽的に気になるところや、言いたいことがけっこう出てきたんですが、もちろん僕には言えません。でも「木﨑、どう思う？」と聞かれることがあって、そのときはいろいろと感じたことを言いました。

そんなことを繰り返しているうちに、会議で「木﨑は制作のほうが向いてると思う」と言ってくれた人がいて、僕はその日から突然制作に配置転換となり、今に繋がるものをつくる日々が始まりました。

屈辱的だったゴルフも一〇〇を切ったら夢中に

もうひとつ、イヤだったのはゴルフ。

ゴルフというスポーツ自体、なんだかカッコ悪いからやりたくないなってずっと思っていたんですけど、スペースシャワーネットワークの中井猛さんと、大阪のＦＭ８０２の栗花落《つゆり》光さんに何度も勧められて、イヤだイヤだと思いながらも、結局ＦＭ８０２のコンペに出る約束をしてしまったんです。それをきっかけにゴルフを始めました。

仕方がないので、家の近くにあった打ちっ放しの練習場に行ってみることにしました。止まっているボールを打つなんて簡単に決まっていると思っていたんですが、いざやってみるとうまくいかない。それでも練習場はまだよかったんです。本番のコースに出てみたら、これがもう本当に大変でした。

とにかく打ったボールが変なところに飛んでいってしまうと、そこまで行って、また打たなくちゃいけない。練習場だと変な当たりをしても取りに行く必要がないから楽だったんだけど、コースではそうはいかず、失敗の連続でなんだか屈辱的だし、もうイヤだと心から思いましたね。

でも、付き合いでコースに行ったり、コンペに出たりするうち、やっぱりうまくなりたいと思い始めてちゃんと練習するようになりました。そしてスコアがだんだんよくなってきて、一〇〇を切るようになったら、ちょっと楽しくなってきたんです。

ゴルフはなかなかうまくならないけど、理屈だけはすごく考えましたね。僕の分析癖がそこでも出てしまいました。

ゴルフの難しさはどこにあるのかと考えていくと、クラブのヘッドの形が問題なんじゃないか、と。たとえばテニスでも野球でも、重心はラケットなりバットなりの先にあるんだけど、クラブの重心はちょっと逸れているんです。またクラブは水平にではなく斜め下に向かって打つというのも、二次元的ではなく三次元的だから、人間の脳には理解が難しいのかな、とか。

ゴルフは要するに、自分との闘いであり、人に負けたくないという気持ちを呼び起こすものでもあって、案外僕には向いていたのかもしれません。

いろんなことを経験しましたけど、新しいことを始めるときは楽しいことよりも辛いことのほうが多いと思います。でも我慢してやり続けるうちに知識や技術が身についてきて、いろんな考え方やイメージが湧いてきて、それを実現したいと思うようになり、実現した結果が出てくると、急に楽しくなってきます。

だからどんなことも少しの辛抱さえすれば、楽園が見えるかもしれません。

11 いいほうに変わるという前提で人と向き合う

「この人はこういうやつ」と、決めつけるのはよくないですね。そう決めつけたがる人は、想像力に欠けていると思います。

たった一冊の本のなかのたった一言に巡り合ったことで考え方が変わったり、生き方、そして人生までもが変わったりします。いろいろなきっかけで変わる可能性を持っているのが人間です。そういう前提で僕は人と付き合っているし、プロデュースという仕事も、人は変わるという可能性を信じてやっています。その可能性がなかったら、まったく無意味ですから。

アーティストも、誰でも、本当はみんな変わる可能性を持っているんです。そう思える人でなければ、ものはつくれないと思います。

人が決めつけたことを鵜呑みにしない

吉川晃司くんの「モニカ」のときも、「詩を先に書いたことがない」と言っていた三浦徳子さんに「どうしても詩を先に書いてください」としつこくお願いしたら、三浦さんは快く詩を先に書いてくれました。いつも曲を先に書いていたNOBODYにも強引にお願いして詩に曲をつけてもらいました。ちゃんと趣旨を理解してもらえれば、やってくれるんです。先入観に縛られていたら、お願いできなかったですよね。

アーティストはだいたい個性が強いから、特に「こんな人だ」と決めつけられてしまうことが多いと感じます。でも、話していくうち、やりとりを重ねていくうちに、変わってくる人もたくさんいるんです。

もちろん変わらない人もいます。ただ、変わらないと最初から決めつけるのではなくて、変わるという前提で、「こういうふうにやったらいいと思うんだけど」と、自分の考えをぶつけてみるのが大切です。

他にも、立場上偉い人は、「あの人、気難しいよ」と言われていることがよくありますが、僕は実際そこまで気難しい人と会ったことがありません。「ワガママ」と言われている人も同じで、会ってみて「この人はワガママだな」って思う人もそんなにいないんです。

自己主張とワガママは違う

昔、銀色夏生さんにこう聞かれたことがあります。「キーちゃん、ワガママな人ってどんな人なの？」。僕は言いました。「基本的にあまりワガママな人はいないと思うよ。自分はこういうふうに思ってるとか、こういうのが好きだ、コーヒーはこういうふうに飲みたい、あの人は嫌い、あのお店はガヤガヤしているから行きたくないなどと言う人はいるけど、それは別にワガママだとは感じない。好きなものがはっきりしているだけです。自分と違う個性を持っているんだなと思う」と。

銀色さん、すごく共感してくれました。当時、もしかしたら彼女もワガママって人に言われていたのかな。理不尽なことをする人はワガママだと思うけど、自己主張はそうではないと思うんですよね。

アーティストが「あれは嫌い、やりたくない」と言ったとしたら、それは個性だし、人と違う個性を表現する仕事をしているんだから、それを受け入れてあげたらいいと思います。その代わりに「じゃ、何をやりたいの」と質問します。その個性が他の人と一緒だったら、アーティストとしての存在意義がなくなってしまいます。

仮に本当にワガママだなと感じる人であっても、いい方向に変わるだろうという観点から話をしていかないと、先はないんじゃないかと思うんですよね。それが創造的な観点というものだと思います。

12 わかった！という瞬間が好き

生きることは、わかっていくことだと思います。何かがわかると、次から次へと物事をどんどん深く知ることができます。

アーティストが歌詞を書いていて煮詰まっているときに、ふと「木﨑さん、わかった！」みたいに言う瞬間があるんですが、それがすごくうれしいんですよね。

同じように、スタジオでアレンジをどうしようか悩んでいたと思ったら、不意に「わかった、こうやればいいんだ！」となる瞬間もあります。

あの「わかった」というときの空気が僕はとても好き。人間はやっぱり、わかっていくためにいろいろ考えたり悩んだり研究したり、試行錯誤していくものなんだなと思います。

「何だこれは!?」と思う人に助成金を出す理由

リチウムイオン電池の開発が評価されてノーベル化学賞を受賞した吉野彰さんが、賞金の一部を若手研究者の支援に充てているんですよね。その際、助成金を希望する研究者に、研究計画を提出してもらうんですが、自分が「なるほどね」と思う人ではなく、「何だこれは!?」と思う人に研究助成金を出しているそうです。

それには吉野さんの研究人生が影響しています。彼はリチウムイオン電池を開発するまでに、多くの壁にぶち当たったそうで、会社からもその研究はもうやめろと言われていました。それでも諦めずに研究を続けたことで、壁を突破できたんです。それは、誰ひとりとしてできるとは思っていなかったことでした。

だからこそ今、ご自身も「こんなのできるの？」と思うような研究を応援したいんだと。それが僕にはとてもすてきなことだと思えたんです。

吉野さんがこう言っていました、「二〇年前に今の世の中がこういうふうになると想像できた人がいますか？　誰もいないと思います」と。本当にそうだと思います。先進的な技術を生み出す人というのは、並の人間ではとても考えが及ばないようなことを何十年にもわたって研究し続けているんですよね。その結果として彼らが〝わかった〟画期的なものが開発されるわけですが、ほんの一握りの天才の発明、発見によってこの世界はできていて、ほとんどの人間はその恩恵にあずかっているだけなんです。

わかっている人の孤独

スティーブ・ジョブズだってそうですよね。iPhoneの完成形が見えていた人ってジョブズと他に数人程度で、それがいつしか世界中に広まって、僕らは今それを使っている。売れるとみんなが〝いい〟と言うけれど、それが何かわからないうちは「何わかんないことやってるの？」って感じだったと思うんです。

吉野彰さんだって、研究過程では自分にしかわからないものを生み出そうとしていたわけだから、辛かったでしょうね。僕は彼らほどではないけど、それでも「ああ、理解してくれていないんだろうな」と思いながら音楽をつくることがあります。今までにないものをつくる人は、孤独にならざるを得ないんですね。誰もわからないことをやっているわけですから。

まだ世界の誰もわかっていないことを突き詰めている人に対しては、やっぱりもっと謙虚にならなきゃいけないなと思うんです。

イチロー選手に軽く質問をぶつける記者を目にするたび、「もっと謙虚に！」って思います。だってイチローは人類がまだ誰も到達したことのないところに行ってしまった人ですから。月にはじめて行った人とか、はじめてエベレストに登頂した人とかと同じです。僕ら経験のない人間が、経験している人間に教えを乞うわけだから、謙虚でなくてはいけないんですよね。

13 強制的にドキドキワクワクする

僕はこういう仕事をしていますから、強制的にドキドキワクワクしようとしているところがあります。

だから、二章でも書いたように昔聴いた音楽を聴かないようにしてきました。聴くのは新しい音楽だけ。歳を取ってくると、それが辛いときもあります。一〇年ぐらい前がいちばん辛かったかな。でも、昔の曲ばかり聴いている友人たちが、やっぱり新しい情報にはほとんど触れていないように見えるから、自分はそうなってはいけないと思ったんですよね。それに、新しい音楽を聴き続けると、それはそれで楽しくなってくるんです。

新しい音楽を楽しく聴く方法

たとえば、テイラー・スウィフトの新しいアルバム。いいなと思って聴いていると、構成、コード進行、ベースラインとバスドラムの関係や、コーラスの入れ方などが気になってくるので、いろいろ分析しながら聴くことになります。新しい曲には新しいアイデアや工夫がありま す。それを発見するのは楽しいですね。

そうなるとクレジットもやっぱり気になって、誰がつくっているのかもチェックします。その人たちが他にどんな作品を手がけているのかまで辿っていくこともあって、なるほどこの人はメロディのつくり方が素晴らしいとか、音の省き方が素晴らしい、みたいな聴き方をするのも好きなんですね。

サタデーズ ニューヨークシティが好きな理由

服も、ずっと同じものを着ているのは自分の感性が退化している証だと自分に言いきかせています。

僕は大学生のころはアイビーが好きで、日本のＶＡＮとか、アメリカのブルックス・ブラザースなどのブランドを着ていました。それに飽きると、ＪＵＮみたいなちょっとヨーロッパテイストに傾倒したりもしましたね。

一〇年ぐらい前は、ディースクエアード（Dsquared²）というカナダ人の双子がイタリアでつくっているアメリカンカジュアルっぽいブランドが好きになって、そのあとはサタデーズ ニューヨークシティ（Saturdays NYC）が気に入ってます。

サタデーズはコンセプトがおもしろいんです。ニューヨークのサーファーのライフスタイルに合った服というテーマでつくられているんだけど、ボードを担いで地下鉄に乗って波乗りに行くイメージだというのを、何かの記事で読んだんですね。それで、夜はまた地下鉄に乗ってクラブに遊びに行くのだ、と。

カッコ良過ぎますよね。もしかしたらそんな人はいないのかもしれないけど、そういうイメージで服がつくられていること自体に興味をひかれます。どんなライフスタイルの人が着るのか、服も世界観を感じさせることが大事な時代になってきたことを実感しました。

このブランドが特徴的なのは、色味がモノトーン中心なところです。従来のサーフファッションといえば青や黄色、赤なんかのカラフルでごちゃっとした色合いのイメージですが、黒と白とグレーでそれをつくるって、考えた人は偉いなと思いました。

さて、これを音楽に置き換えるとどういうことになるのか。やっぱり世界観を感じさせる音楽やアーティストが大事になってくるな、なんて考えるのもまた楽しいんです。

古い音楽を新しく聴く

最近になって僕は古い音楽を解禁しました。若い人が昔の音楽を聴くような感覚で、自分も聴けるような気がして。それであるお店でジェイムス・テイラーの「ユーヴ・ゴット・ア・フレンド」が入っているアナログ盤を聴いたんですが、すごく新鮮に感じたんです。懐かしく感じたらどうしようと思っていたんですが、大丈夫でしたね。

その「ユーヴ・ゴット・ア・フレンド」を、四〇歳過ぎのアーティストがギターで弾き語りをしながら「こういう曲って今つくってもダメなんですかね」って僕に聞いてきたことがあります。僕は「ダメだよ。あの時代のあの空気のなかで生まれたんだから、今は通用しないよ」と言いました。でも、どこかを変えれば、実は生まれ変わるんですね。どこを新しくするか、それがセンスです。

たとえばエド・シーランは、ボブ・ディランなどアコースティックギターで弾き語りをしていた人たちの今の形じゃないかなと思います。でも、もちろん当時のままではありません。エド・シーランはコードもループしていたり、だからライブではループペダルも使うし、ラップっぽいアプローチもできる。やっぱり進化したボブ・ディランなんですよね。

そんなふうに新しい世代の音楽を聴いていると、僕は時々そこに自分が昔好きだったもののスピリットを見つけることができるんです。今聴いて好きだなと思う音楽は、僕が中学生のころに好きだったニール・セダカやポール・アンカのスピリットが形を変えているだけなんじゃないかって、そんなふうに思うこともあります。

やはりスピリットは永遠不滅です。

おわりに

読んでくださり、ありがとうございます。

自分で読み返してみて「えっ、こんなにあったっけ？」という感じで、読み終えたら、頭がクラクラしました。

今回、本にまとめるという機会をいただいて、今まで頭のなかの引き出しに雑然とだらしなく突っ込んであった、経験を通じて感じたり、考えたりして出してきた答えたちを整理整頓できて、何かスッキリしたのと同時に、自分に対しても、「けっこうちゃんとやってきたじゃん」とちょっと褒めてあげたい気分になりました。

本書に書いた法則は、あくまで世間知らずで無知な自分が構築したもので、他の人の役に立つかどうかは保証のかぎりではありません。でも僕自身にはすごく役に立ってきました。とにかく、この法則にのっとって仕事をして、うまくできてきたという事実があります。これらの法則のおかげで、僕は人の前に出るときも、いろんな音楽に接するときも、背筋をピンと伸ばすことができました。それほど自信をもたらしてくれて、支えになってくれてくれているのです。

今回、パソコンのワードを駆使するという、今まで経験のない作業をやることになりました。失敗を繰り返しながら、なんとか使えるようになりました。

今、ほっとひと息をついて、パソコンを少し横にずらして、栗まんじゅうとアールグレイティーで、ひとりで乾杯しています。

「ワードを使うのが、だいぶうまくなったじゃん」と独り言。新しい作業に対する忍耐力という筋肉がついて、ワードに慣れるという副産物も生まれました。その結果、新しい脳細胞がかなり増えている絵が浮かんで、ひとりにんまりしています。

世の中はまだまだわからないことだらけです。知ったかぶりをしないで、謙虚にならなくてはいけませんね。世界に見返されてしまいます。

これからも未来を見据えてバージョンアップしていくつもりです。

繰り返しになりますが、自分でつくってみて、はじめて見えてくるものが無数にあります。つくっちゃえ、みなさん！

この本をつくるにあたっていろんな人に支えられて、執筆耐久レースを完走することができました。最初に「本にしちゃいなよ」と言ってくれ、年譜までつくってくれた福岡智彦さん、いろんな会議を突破して発売にこぎつけてくれた集英社インターナショナルの河井好見さん、はちゃめちゃな言葉をキッチリとまとめてくれたライターの斉藤ユカさん、ありがとうございました。

家族の典子、海之介、音之介の笑顔も励みとなりました。

そして一緒に音楽をつくってきたアーティストやクリエイターをはじめとするみなさん、音楽を売ってくれたみなさん、聴いて楽しんでくれたみなさんにも、心から感謝しています。

木﨑賢治

二〇二〇年　晩秋

引用歌詞出典一覧

＊1　「SELF PORTRAIT」（作詞・槇原敬之）　◆アルバム『SELF POTRAIT』（一九九三年一〇月、ワーナー・ミュージック）収録。

＊2　シングル「もう恋なんてしない」（作詞・槇原敬之）一九九二年五月、ワーナー・ミュージック

＊3　シングル「バスルームから愛を込めて」（作詞・康珍化）一九八〇年六月、日本コロムビア　※122ページの歌詞も。

＊4　童謡「シャボン玉」（作詞・野口雨情）

＊5　シングル「勝手にしやがれ」（作詞・阿久悠）一九七七年五月、ポリドール

＊6　シングル「ス・ト・リ・ッ・パ・ー」（作詞・三浦徳子）一九八一年九月、ポリドール
◆アルバム『S/T/R/I/P/P/E/R』（一九八一年六月）よりシングルカット。

＊7　「海岸通」（作詞・伊勢正三）　◆風のアルバム『ファースト・アルバム』（一九七五年六月、PANAM［日本クラウン］）収録。

＊8　「なごり雪」（作詞・伊勢正三）　◆かぐや姫のアルバム『三階建の詩』（一九七四年三月、

PANAM［日本クラウン］）収録。
＊9　シングル「帰りたい帰れない」（作詞・加藤登紀子）一九七〇年二月、ポリドール
＊10　「かあさんの歌」（作詞・窪田聡）

木﨑賢治プロデュース作品年譜

※ベスト盤、コンピレーション盤を除く

レーベル略称

- AJM…ジェイモア（エイベックス）
- AP…アポロン
- AVX…エイベックス
- BOG…BOGUS（テイチク内）
- BR…bounce（タワーレコード）
- C…日本コロムビア
- CA…キャニオン
- CS…CBSソニー
- ES…エピック・ソニー
- ER…エピック・レコード
- G…日本グラモフォン（ポリドールの前身）
- K…キング
- KS…キューン
- KSF…ケイズ・ファクトリー
- P…ポリドール
- PC…ポニー・キャニオン
- PS…ポリスター
- PVN…Pヴァイン
- SMS…サウンズ・マーケッティング・システム
- SSM…スペースシャワー・ミュージック
- T…テイチク
- TBR…ティアブリッジ（エイベックス）
- TF…トイズ・ファクトリー
- TNI…トリニティ
- TO…東芝EMI
- TR…トリオ
- UKP…UKプロジェクト
- VAP…バップ
- WEA…WEA
- WMJ…ワーナー・ミュージック
- WP…ワーナー・パイオニア
- イザナギ…イザナギレコード（ユニバーサルミュージック）

発売日　アーティスト[S=シングル/DS=デジタル(配信)シングル/A=アルバム/MA=ミニアルバム]
「タイトル」(作詞/作曲/編曲) | レコード会社略称 | オリコン週間ランキング最高位

1971

2月25日	アラン・メリル[S]「涙」(安井かずみ/かまやつひろし/井上孝之) WP デビュー
2月25日	アラン・メリル[A]『ひとりぼっちの東京』WP
4月10日	シローとブレッド&バター[S]「野生の馬」(岩沢二弓/岩沢二弓/岩沢二弓) G
5月	伊東きよ子 [S]「青いシャツ」(山上路夫/渋谷毅/渋谷毅) CS
8月	シローとブレッド&バター[S]「バタフライ」(なかにし礼/D. Gerard, H. Barnes, R.Bernet/クニ河内) G
11月1日	萩原健一+PYG[S]「何もない部屋」(萩原健一/沢田研二/PYG) P 91位
11月1日	沢田研二 [S]「君をのせて」(岩谷時子/宮川泰/青木望) P 23位 ソロデビュー
11月10日	PYG[A]『FREE with PYG』P 24位

12月21日 沢田研二［A］『JULIE II』P 13位

1972

3月10日 シローとブレッド&バター［A］『Moonlight』P

3月10日 沢田研二［S］「許されない愛」（山上路夫/加瀬邦彦/東海林修）P 4位

3月10日 沢田研二［A］『JULIE III SAWADA KENJI RECITAL』P 11位

6月25日 沢田研二［S］「あなただけでいい」（安井かずみ/平尾昌晃/東海林修）P 5位

6月 シローとブレッド&バター［S］「今はひとり」（岩沢二弓/岩沢幸矢/矢野誠）P

7月1日 萩原健一［S］「ブルージンの子守唄」（阿久悠/加藤和彦/瀬尾一三）P 92位 ソロデビュー

8月21日 PYG［S］「遠いふるさとへ」（岸部修三/大野克夫/PYG）P 69位

9月10日 沢田研二［A］『JULIE IV 今僕は倖せです』P 5位

9月25日 沢田研二［S］「死んでもいい」（山上路夫/加瀬邦彦/東海林修）P 9位

11月21日 PYG［S］「初めての涙」（大橋一枝/大野克夫/PYG）P

11月25日 アグネス・チャン［S］「ひなげしの花」（山上路夫/森田公一/馬飼野俊一）WP 5位 デビュー

12月21日 沢田研二［A］『JULIE V 沢田研二 日生リサイタル』P 14位

1973

1月1日 沢田研二［S］「あなたへの愛」（安井かずみ/加瀬邦彦/東海林修）P 6位

1月25日 アグネス・チャン［A］『ひなげしの花』WP 9位

4月10日 アグネス・チャン［S］「妖精の詩」（松山猛/加藤和彦/馬飼野俊一）WP 5位

4月21日 沢田研二［S］「危険なふたり」（安井かずみ/加瀬邦彦/東海林修）P 1位

5月10日 アグネス・チャン［A］『花のように星のように』WP 3位

7月25日 アグネス・チャン［S］「草原の輝き」（安井かずみ/平尾昌晃/馬飼野俊一）WP 2位

8月10日 沢田研二［S］「胸いっぱいの悲しみ」（安井かずみ/加瀬邦彦/Harry Robinson）P 4位

8月21日 沢田研二［A］『JULIE VI ある青春』P 4位

8月25日 アグネス・チャン［A］『草原の輝き』WP 3位

10月25日 アグネス・チャン［S］「小さな恋の物語」（山上路夫/森田公一/馬飼野俊一）WP 1位

11月10日 アグネス・チャン［A］『FLOWER CONCERT』WP 4位

11月21日 沢田研二［S］「魅せられた夜」（安井かずみ（日本語詞）/Jean Renard/東海林修）P 3位

12月21日 沢田研二［A］『JULIE VII THE 3rd 沢田研二リサイタル』P 14位

1974

1月25日 あいざき進也［S］「気になる17才」（安井かずみ/穂口雄右/穂口雄右）WP 16位 デビュー

2月25日 アグネス・チャン[S]「星に願いを」(安井かずみ/平尾昌晃/馬飼野俊一)WP 4位

3月21日 沢田研二[S]「恋は邪魔もの」(安井かずみ/加瀬邦彦/大野克夫)P 4位

3月25日 アグネス・チャン[A]『アグネスの小さな日記』WP 5位

5月10日 あいざき進也[S]「シンデレラは6月生まれ」(安井かずみ/穂口雄右/穂口雄右)WP 23位

6月10日 アグネス・チャン[S]「ポケットいっぱいの秘密」(松本隆/穂口雄右/東海林修, キャラメル・ママ)WP 6位

6月25日 あいざき進也[A]『気になる男の子』WP 23位

7月10日 沢田研二[S]「追憶」(安井かずみ/加瀬邦彦/東海林修)P 1位

7月20日 三輪車[S]「水色の街」(山崎稔/山崎稔/竜崎孝路)TO デビュー

7月25日 あいざき進也[S]「君におくる愛のメロディー」(安井かずみ/穂口雄右/穂口雄右)WP 44位

8月10日 アグネス・チャン[A]『あなたとわたしのコンサート』WP 7位

9月10日 沢田研二[A]『JEWEL JULIE 追憶』P 2位

9月10日 アグネス・チャン[S]「美しい朝がきます」(安井かずみ/井上忠夫/馬飼野俊一)WP 8位

10月25日 あいざき進也[S]「愛の誕生日」(岡田冨美子/すぎやまこういち/すぎやまこういち)WP 18位

11月10日 あいざき進也[A]『キューピッドの青春』WP 10位

11月20日 三輪車[S]「黒いスーツ」(田川昭夫/山崎稔/山崎稔)TO

11月21日 沢田研二[S]「愛の逃亡者 THE FUGITIVE」(Tony Weddington, Wayne Bickerton/Arthur Greenslade/Tony Weddington, Arthur Greenslade)P 12位

11月25日 アグネス・チャン[A]『あなたにありがとう』WP 24位

12月1日 三輪車[A]『午後のファンタジア』TO

12月21日 アグネス・チャン[S]「愛の迷い子」(安井かずみ/平尾昌晃/馬飼野俊一)WP 2位

1975

1月25日 あいざき進也[S]「想い出のバイオリン」(山上路夫/平尾昌晃/森岡賢一郎)WP 25位

3月1日 沢田研二[S]「白い部屋」(山上路夫/加瀬邦彦/東海林修)P 8位

3月25日 アグネス・チャン[S]「恋人たちの午後」(山上路夫/森田公一/馬飼野俊一)WP 7位

4月25日 アグネス・チャン[A]『小さな恋のおはなし』WP 9位

4月25日 あいざき進也[S]「恋のリクエスト」(藤公之介/井上忠夫/萩田光雄)WP 10位

5月20日 三輪車[S]「夏の日の思い出」(田川昭夫/山崎稔/山崎稔)TO

5月21日 沢田研二[S]「巴里にひとり」(山上路夫(日本語詞)/G. Costa/R. Gimenes, A. Greenslade)P 5位

5月25日　あいざき進也［A］『進也の季節 Rock'n Roll Holiday』WP 8位

6月10日　アグネス・チャン［S］「はだしの冒険」(松本隆/平尾昌晃/馬飼野俊一) WP 12位

7月25日　アグネス・チャン［A］『ファミリー・コンサート』WP 16位

7月25日　あいざき進也［S］「恋のペンダント」(一ツ橋けい子, 岡田冨美子(補作詞)/井上忠夫/萩田光雄) WP 22位

7月25日　あいざき進也［A］『あいざき進也 ジャンプ・オン・ステージ』WP 22位

8月21日　沢田研二［S］「時の過ぎゆくままに」(阿久悠/大野克夫/大野克夫) P 1位

8月25日　アグネス・チャン［S］「白いくつ下は似合わない」(荒井由実/荒井由実/あかのたちお) WP 12位

9月5日　三輪車［A］『夏の日の思い出』TO

10月21日　沢田研二［A］『沢田研二 比叡山フリーコンサート』P 4位

10月25日　あいざき進也［S］「君のハートに火をつけて」(小泉まさみ/加瀬邦彦/竜崎孝路) WP 24位

11月25日　あいざき進也［A］『Rock'n Roll Holiday II』WP 19位

12月10日　アグネス・チャン［S］「冬の日の帰り道」(小泉まさみ/小泉まさみ/竜崎孝路) WP 14位

12月21日　沢田研二［A］『いくつかの場面』P 12位

12月21日　アグネス・チャン［A］『はじめまして青春』WP 32位

1976

1月21日　沢田研二［S］「立ちどまるなふりむくな」(阿久悠/大野克夫/大野克夫) P 8位

2月10日　あいざき進也［S］「北へ北へ」(あいざき進也/西村コージ/西村コージ) WP 24位

3月1日　木の実ナナ［S］「おまえさん」(阿久悠/丹羽応樹/あかのたちお) TR 39位

4月10日　アグネス・チャン［S］「恋のシーソー・ゲーム」(落合恵子/井上忠夫/東海林修) WP 8位

4月21日　沢田研二［A］『KENJI SAWADA』P 11位

4月25日　アグネス・チャン［A］『Mei Mei〜いつでも夢を』WP 11位

5月1日　沢田研二［S］「ウィンクでさよなら」(荒井由実/加瀬邦彦/大野克夫) P 7位

5月10日　あいざき進也［S］「愛の舟」(落合恵子/筒美京平/筒美京平) WP 33位

5月25日　あいざき進也［A］『20才への憧憬』WP 35位

6月25日　三木聖子［S］「まちぶせ」(荒井由実/荒井由実/松任谷正隆) CA 47位 デビュー

8月10日　アグネス・チャン［S］「夢をください」(山川啓介/小泉まさみ/佐藤準) WP 14位

8月10日　あいざき進也［S］「真夏の感触」(森雪之丞/筒美京平/筒美京平) WP 38位

9月1日　木の実ナナ［S］「愛人(アマン)」(阿木燿子/宇崎竜童/川上了) TR 76位

9月10日　沢田研二［S］「コバルトの季節の中で」(小谷夏/沢田研二/船山基紀) P 7位

9月10日　アグネス・チャン［A］『また逢う日まで』WP 2位

10月10日 三木聖子 [S]「恋のスタジアム」(荒井由実/和泉常寛/船山基紀)CA 95位

10月25日 あいざき進也 [S]「青春物語」(橋本淳/筒美京平/筒美京平)WP 56位

10月25日 木の実ナナ [A]『愛人』TR

11月25日 あいざき進也 [A]『青春物語』WP 57位

12月1日 沢田研二 [A]『チャコール・グレイの肖像』P 22位

12月10日 アグネス・チャン [A]『愛のメモリアル』WP 42位

12月10日 三木聖子 [A]『聖子』CA

1977

1月25日 あいざき進也 [S]「ミッドナイト急行」(松本隆/三木たかし/三木たかし)WP 45位

1月25日 三木聖子 [S]「三枚の写真」(松本隆/大野克夫/船山基紀)CA

2月1日 沢田研二 [S]「さよならをいう気もない」(阿久悠/大野克夫/船山基紀)P 8位

3月25日 アグネス・チャン [A]『お元気ですか』WP 5位

4月25日 アグネス・チャン [S]「心に翼を下さい」(松本隆/加瀬邦彦/船山基紀)WP 32位

4月25日 木の実ナナ [S]「紅ほおずき」(喜多條忠/丹羽応樹/あかのたちお)TR

5月21日 沢田研二 [S]「勝手にしやがれ」(阿久悠/大野克夫/船山基紀)P 1位

5月21日 木の実ナナ [A]『NA NA Vol.2 紅ほおずき』TR

5月25日 あいざき進也 [S]「セクシー・レディー」(麻生香太郎/加瀬邦彦/竜崎孝路)WP 55位

6月25日 あいざき進也 [A]『セクシー・レディー』WP 67位

7月25日 アグネス・チャン [A]『私の恋人』WP 17位

8月10日 沢田研二 [S]「MEMORIES」(Richard Machin/Klaus Weiss/Werner Becker)P 40位

8月10日 沢田研二 [A]『沢田研二リサイタル ハムレット・イン・ジュリー』P 4位

8月25日 アグネス・チャン [S]「少し待ってて」(三浦徳子/梅垣達志/梅垣達志)WP 64位

9月5日 沢田研二 [S]「憎みきれないろくでなし」(阿久悠/大野克夫/船山基紀)P 3位

9月10日 あいざき進也 [S]「ストーミー・ラブ」(山川啓介/加瀬邦彦/馬飼野康二)WP 69位

11月15日 沢田研二 [A]『思いきり気障な人生』P 12位

11月25日 アグネス・チャン [S]「花のささやき」(音羽たかし/C. Donida/船山基紀)WP 68位

11月25日 アグネス・チャン [A]『カナダより愛をこめて』WP 37位

11月25日 あいざき進也 [A]『明日への叫び』WP

1978

1月21日 沢田研二 [S]「サムライ/あなたに今夜はワインをふりかけ」(阿久悠/大野克夫/船山基紀)P 2位

1月25日 あいざき進也 [S]「雨は降る降る」(山口洋子/加瀬邦彦/馬飼野康二)WP 96位

5月21日　沢田研二 [S]「ダーリング」(阿久悠/大野克夫/船山基紀)P 1位

5月25日　あいざき進也 [S]「PEAK!」(島武実/穂口雄右/穂口雄右)WP

7月7日　木の実ナナ[S]「うぬぼれワルツ」(門谷憲二/西島三重子/大村雅朗)TR 67位

8月1日　沢田研二 [S]「ヤマトより愛をこめて」(阿久悠/大野克夫/宮川泰)P 4位

8月10日　沢田研二 [A]『今度は、華麗な宴にどうぞ。』P 4位

8月25日　アグネス・チャン[S]「アゲイン」(松本隆/吉田拓郎/松任谷正隆)WP 22位

9月10日　沢田研二 [S]「LOVE(抱きしめたい)」(阿久悠/大野克夫/船山基紀)P 4位

9月25日　アグネス・チャン[A]『HAPPY AGAIN』WP 8位

10月25日　沢田研二 [A]『JULIE ROCK'N TOUR '78 田園コロシアムライブ』AP 10位

11月25日　アグネス・チャン [S]「やさしさ知らず」(松本隆/松任谷正隆/松任谷正隆) SMS 52位

12月1日　沢田研二 [A]『LOVE〜愛とは不幸を恐れないこと〜』P 7位

12月21日　アグネス・チャン[A]『ヨーイドン』SMS 70位

1979

2月1日　沢田研二 [S]「カサブランカ・ダンディ」(阿久悠/大野克夫/大野克夫)P 5位

3月30日　アグネス・チャン[S]「鏡の中の私」(奈良橋陽子, 山上路夫/タケカワユキヒデ/ミッキー吉野)SMS 76位

4月25日　アグネス・チャン[A]『Agnes in Wonderland(不思議の国のアグネス)』SMS 29位

5月31日　沢田研二 [S]「OH! ギャル」(阿久悠/大野克夫/船山基紀)P 5位

6月　木の実ナナ[A]『WOMAN』SMS

7月25日　アグネス・チャン [S]「100万人のJabberwocky」(奈良橋陽子, 三浦徳子/タケカワユキヒデ/ミッキー吉野)SMS 97位

8月25日　沢田研二 [A]『JULIE ROCK'N TOUR '79』AP 12位

8月25日　アグネス・チャン[A]『ABC Agnes Sing With Me』SMS

9月21日　沢田研二 [S]「ロンリー・ウルフ」(喜多條忠/大野克夫/後藤次利)P 18位

11月25日　沢田研二 [A]『TOKIO』P 8位

11月25日　アグネス・チャン[S]「春不遠」(喜多條忠/鈴木キサブロー/大村雅朗)SMS

11月25日　アグネス・チャン[A]『美しい日々』SMS

1980

1月1日　沢田研二 [S]「TOKIO」(糸井重里/加瀬邦彦/後藤次利)P 8位

4月21日　沢田研二 [S]「恋のバッド・チューニング」(糸井重里/加瀬邦彦/後藤次利)P 13位

4月25日　アグネス・チャン[S]「ぼくの海」(岡田冨美子/アグネス・チャン/戸塚修)SMS

6月25日　山下久美子[S]「バスルームから愛をこめて」(康珍化/亀井登志夫/松任谷正隆) C デビュー

6月25日　山下久美子［A］『バスルームから愛をこめて』C
7月21日　沢田研二［A］『BAD TUNING』P 27位
9月21日　沢田研二［S］「酒場でDABADA」（阿久悠／鈴木キサブロー／沢健一）P 14位
9月21日　松原みき［A］『Who are you?』CA 24位
10月10日　山下久美子［S］「ワンダフルcha-cha」（松任谷由実／松任谷正隆／松任谷正隆）C
12月23日　沢田研二［S］「おまえがパラダイス」（三浦徳子／加瀬邦彦／伊藤銀次）P 16位
12月23日　沢田研二［A］『G.S. I LOVE YOU』P 23位
12月25日　山下久美子［A］『ダンシン・イン・ザ・キッチン』C 35位

1981

2月1日　山下久美子［S］「恋のミッドナイトD.J.」（KURO／西岡恭蔵／松任谷正隆）C 67位
4月21日　松原みき［A］『-Cupid-』CA 23位
5月1日　沢田研二［S］「渚のラブレター」（三浦徳子／沢田研二／伊藤銀次）P 8位
6月1日　山下久美子［S］「とりあえずニューヨーク」（近田春夫／筒美京平／近田春夫）C 84位
6月10日　沢田研二［A］『S/T/R/I/P/P/E/R』P 13位
8月1日　速水陽子［S］「い・か・が」（神田広美／亀井登志夫／後藤次利）C 92位 デビュー
8月25日　山下久美子［A］『雨の日は家にいて』C 11位
9月21日　沢田研二［S］「ス・ト・リ・ッ・パ・ー」（三浦徳子／沢田研二／伊藤銀次）P 6位
10月1日　山下久美子［S］「雨の日は家にいて」（康珍化／岡本一生／伊藤銀次）C 91位
10月25日　速水陽子［A］『センチメンタル倶楽部』C

1982

1月10日　沢田研二［S］「麗人」（阿久悠／沢田研二／後藤次利）P 10位
3月21日　松原みき［A］『Myself』CA 68位
3月　速水陽子［S］「やっぱり」（神田広美／亀井登志夫／白井良明）C
4月25日　伊藤銀次［S］「雨のステラ」（神田広美／伊藤銀次／伊藤銀次）PS
4月25日　伊藤銀次［A］『BABY BLUE』PS 32位
5月1日　沢田研二［S］「おまえにチェックイン」（柳川英巳／大沢誉志幸／伊藤銀次）P 8位
6月1日　沢田研二［A］『A WONDERFUL TIME』P 14位
6月25日　伊藤銀次［S］「まっ赤なビキニのサンタクロース」（売野雅勇／伊藤銀次／伊藤銀次）PS
9月10日　沢田研二［S］「6番目のユ・ウ・ウ・ツ」（三浦徳子／西平彰／白井良明）P 6位
9月25日　伊藤銀次［S］「恋のリーズン」（売野雅勇／伊藤銀次／伊藤銀次）PS
9月25日　伊藤銀次［A］『SUGAR BOY BLUES』PS 35位
12月10日　沢田研二［A］『MIS CAST』P 11位

1983

1月1日　沢田研二 [S]「背中まで45分」(井上陽水/井上陽水/吉田建) P 20位

3月5日　沢田研二 [A]『JULIE SONG CALENDAR』AP 5位

4月25日　伊藤銀次 [S]「泣きやまないでLOVE AGAIN」(銀色夏生/伊藤銀次/伊藤銀次) PS

4月25日　伊藤銀次 [A]『STARDUST SYMPHONY 65-83』PS 26位

5月10日　沢田研二 [S]「晴れのちBLUE BOY」(銀色夏生/大沢誉志幸/大村雅朗) P 11位

6月22日　大沢誉志幸 [S]「彼女には判らない (Why don't you know)」(銀色夏生/大沢誉志幸/大村雅朗) ES デビュー

6月22日　大沢誉志幸 [A]『まずいリズムでベルが鳴る』ES 89位

9月21日　沢田研二 [S]「きめてやる今夜」(沢田研二/井上大輔/吉田建) P 14位

10月1日　沢田研二 [A]『女たちよ』P 12位

10月21日　伊藤銀次 [S]「あの娘のビッグ・ウエンズデー」(康珍化/伊藤銀次/伊藤銀次) PS

10月21日　伊藤銀次 [A]『WINTER WONDERLAND』PS 22位

10月21日　大沢誉志幸 [S]「e-Escape」(銀色夏生/大沢誉志幸/大村雅朗) ES

1984

1月21日　大沢誉志幸 [S]「ハートブレイク・ノイローゼ」(銀色夏生/大沢誉志幸/大村雅朗) ES

2月1日　沢田研二 [S]「どん底」(大津あきら/井上大輔/井上大輔) P 18位

2月1日　吉川晃司 [S]「モニカ」(三浦徳子/NOBODY/大村雅朗) SMS 4位 デビュー

2月25日　大沢誉志幸 [A]『SCOOP』ES 50位

3月1日　吉川晃司 [A]『パラシュートが落ちた夏』SMS 4位

4月1日　大沢誉志幸 [S]「その気××× (mistake)」(銀色夏生/大沢誉志幸/大村雅朗) ES 23位

4月25日　沢田研二 [S]「渡り鳥はぐれ鳥」(三浦徳子/新田一郎/井上鑑) P 20位

6月1日　吉川晃司 [S]「サヨナラは8月のララバイ」(売野雅勇/NOBODY/大村雅朗) SMS 6位

6月5日　沢田研二 [A]『NON POLICY』P 68位

7月10日　大沢誉志幸 [A]『CONFUSION』ES 3位

9月10日　吉川晃司 [S]「ラ・ヴィアンローズ」(売野雅勇/大沢誉志幸/大村雅朗) SMS 4位

9月21日　大沢誉志幸 [S]「そして僕は途方に暮れる」(銀色夏生/大沢誉志幸/大村雅朗) ES 6位

9月25日　沢田研二 [S]「AMAPOLA」(湯川れい子(日本語詞)/Joseph M. Lacalle/青木望) P 26位

10月5日　吉川晃司 [A]『LA VIE EN ROSE』SMS 1位

12月5日　吉川晃司 [S]「No No サーキュレーション(12インチ)」(安藤秀樹/大沢誉志幸/大村雅朗) SMS 4位

1985

1月11日	吉川晃司[S]「You Gotta Chance〜ダンスで夏を抱きしめて〜」(麻生圭子/NOBODY/大村雅朗)SMS 1位
3月30日	吉川晃司[A]『INNOCENT SKY』SMS 1位
4月21日	大沢誉志幸[S]「彼女はfuture-rhythm」(大沢誉志幸/大沢誉志幸/Hoppy神山)ES 29位
4月23日	吉川晃司[S]「にくまれそうなNEWフェイス」(安藤秀樹/NOBODY/後藤次利)SMS 1位
5月2日	大沢誉志幸[A]『in·Fin·ity』ES 3位
6月21日	大沢誉志幸[S]「彼女はfuture-rhythm [Special Dance Mix]」(大沢誉志幸/大沢誉志幸/Hoppy神山)ES 20位
9月21日	大沢誉志幸[S]「恋にjust can't wait」(銀色夏生/大沢誉志幸/Hoppy神山)ES 71位
9月25日	吉川晃司[S]「RAIN-DANCEがきこえる」(安藤秀樹/佐藤健/後藤次利)SMS 2位
11月5日	吉川晃司[S]「Can't you hear the RAIN DANCE(12インチ)」(安藤秀樹/佐藤健/後藤次利)SMS 5位
12月13日	大沢誉志幸[A]『FO(u)R-TUNE』ES 34位

1986

1月1日	吉川晃司[S]「キャンドルの瞳」(安藤秀樹/原田真二/後藤次利)SMS 2位
2月21日	吉川晃司[A]『MODERN TIME』SMS 1位
3月21日	吉川晃司[S]「MODERN TIME」(吉川晃司/吉川晃司/後藤次利)SMS 10位
5月21日	大沢誉志幸[S]「クロール」(銀色夏生/大沢誉志幸/Hoppy神山)ES 26位
6月21日	吉川晃司[S]「NERVOUS VENUS(12インチ)」(吉川晃司/吉川晃司/後藤次利)SMS 12位
6月21日	吉川晃司[A]『サティスファクション・フェイク』SMS 12位
8月1日	大沢誉志幸[A]『LIFE』ES 14位
9月30日	吉川晃司[S]「すべてはこの夜に」(佐野元春/佐野元春/西平彰)SMS 4位
10月1日	安藤秀樹[S]「Foolish Game」(安藤秀樹/安藤秀樹/安部隆雄)ES デビュー
10月5日	安藤秀樹[A]『Zoo Picnic』ES

1987

3月5日	吉川晃司[S]「MARILYNE」(吉川晃司/吉川晃司/松本晃彦)SMS 4位
3月5日	吉川晃司[A]『A-LA-BA·LA-M-BA』SMS 2位
3月5日	安藤秀樹[S]「見えないフェイス」(安藤秀樹/安藤秀樹/安部隆雄)ES
6月5日	吉川晃司[S]「終わらないSun Set」(吉川晃司/吉川晃司/松本晃彦)SMS 12位
6月21日	安藤秀樹[S]「Sensitive」(安藤秀樹/安藤秀樹/安部隆雄)ES

9月2日 大沢誉志幸[S]「ゴーゴーヘブン」(銀色夏生/大沢誉志幸/安部隆雄)ES 27位

9月9日 安藤秀樹[S]「泣いた日 笑った日」(安藤秀樹/安藤秀樹/安部隆雄)ES

9月21日 大沢誉志幸[A]『SCRAP STORIES』ES 6位

9月21日 安藤秀樹[A]『Mario』ES 86位

9月21日 金山一彦[A]『FISH』CS デビュー

11月21日 吉川晃司[A]『GRAMOROUS JUMP』SMS 5位

1988

1月21日 大沢誉志幸[S]「君の住む街角」(銀色夏生/大沢誉志幸/清水信之)ES 33位

2月3日 吉川晃司[S]「プリティ・デイト」(吉川晃司/村松邦男/清水信之)SMS 5位

2月26日 安藤秀樹[S]「Mario」(安藤秀樹/安藤秀樹/安部隆雄)ES

7月1日 安藤秀樹[S]「ハミングバード」(安藤秀樹/安藤秀樹/安部隆雄)ES

7月21日 安藤秀樹[A]『Camp』ES 100位

8月31日 亀井登志夫[A]『BODY』CS

10月21日 安藤秀樹[S]「Annie's Café」(安藤秀樹/安藤秀樹/安部隆雄)ES

11月21日 金山一彦[A]『彼女にしたい』CS

1989

2月1日 安藤秀樹[S]「せいいっぱい」(安藤秀樹/安藤秀樹/松本晃彦)ES

4月7日 安藤秀樹[S]「秘密にしようよ」(安藤秀樹/安藤秀樹/松本晃彦)ES

5月21日 安藤秀樹[A]『Downtown Hero』ES 78位

1990

3月1日 安藤秀樹[S]「Rich〜君は君のために」(安藤秀樹/安藤秀樹/松本晃彦)ES

5月21日 安藤秀樹[A]『青空に会いたい』ES 76位

8月25日 白井貴子[S]「DREAMIN'(夢見る想い)」(白井貴子/白井貴子)PS

9月25日 白井貴子[A]『BOB』PS 22位

9月25日 Re-selve[A]『Re-SERVE』PS デビュー

10月25日 槇原敬之[S]「NG」(槇原敬之/槇原敬之/西平彰, 槇原敬之)WEA デビュー

10月25日 槇原敬之[A]『君が笑うとき君の胸が痛まないように』WEA 48位

12月21日 白井貴子[S]「輝きは草原の中に」(白井貴子/白井貴子/本田清巳, 白井貴子)PS

1991

2月25日 白井貴子[S]「KISS OF WINDS」(朝水彼方/白井貴子/奈良部匠平, 本田清巳, 白井貴子)PS 88位

2月25日 Re-selve[A]『Hip!Hip!Hip!』PS

4月25日 槇原敬之[S]「ANSWER」(槇原敬之/槇原敬之/西平彰, 槇原敬之)WEA

6月10日 槇原敬之 [S]「どんなときも。」(槇原敬之/槇原敬之/槇原敬之)WEA 1位

8月25日 白井貴子 [S]「いつか見たあの青い空」(白井貴子/白井貴子/奈良部匠平, 白井貴子)PS

9月25日 白井貴子 [A]『French Tough』PS 57位

9月25日 槇原敬之 [A]『君は誰と幸せなあくびをしますか。』WEA 3位

9月25日 Re-selve [S]「escalator+3」(k.d.fac2ry/東谷幸一/新保拓之)PS

10月25日 Re-selve [A]『Love Virus』PS

11月10日 槇原敬之 [S]「冬がはじまるよ」(槇原敬之/槇原敬之/槇原敬之)WEA 5位

11月21日 BEGIN [A]『どこかで夢が口笛を吹く夜』T 27位

1992

3月25日 玉井健二 [S]「櫻の樹の下で…」(佐藤大/原田真二/小滝みつる)PS ソロデビュー

5月21日 福山雅治 [S]「Good Night」(福山雅治/福山雅治/松本晃彦)BMG 9位

5月25日 槇原敬之 [S]「もう恋なんてしない」(槇原敬之/槇原敬之/槇原敬之)WEA 2位

6月25日 槇原敬之 [A]『君は僕の宝物』WEA 2位

9月26日 玉井健二 [S]「月とブランコのキス」(佐藤大/原田真二/西平彰)PS

10月25日 槇原敬之 [S]「北風〜君にとどきますように〜」(槇原敬之/槇原敬之/槇原敬之, 服部隆之)WEA 6位

1993

3月25日 川崎真理子 [S]「教えてあげられない」(川崎真理子/川崎真理子/?)WEA デビュー

4月15日 玉井健二 [S]「いけない葡萄」(真間稜/原田真二/国吉良一)PS

4月25日 槇原敬之 [S]「彼女の恋人」(槇原敬之/槇原敬之/槇原敬之)WMJ 4位

6月25日 川崎真理子 [S]「知るときがきたから」(川崎真理子/川崎真理子/本間昭光) WEA

7月25日 玉井健二 [S]「愛しているんだ」(秋元康/原田真二/西村麻聡)PS

8月25日 玉井健二 [A]『CHIBBY』PS

9月1日 槇原敬之 [S]「No.1」(槇原敬之/槇原敬之/槇原敬之)WMJ 1位

9月25日 川崎真理子 [S]「失恋はつかれる」(川崎真理子/川崎真理子/木下鉄丸)WEA

10月1日 槇原敬之 [S]「ズル休み」(槇原敬之/槇原敬之/槇原敬之)WMJ 3位

10月25日 川崎真理子 [A]『GIRL'S TALK』WEA

10月31日 槇原敬之 [A]『SELF PORTRAIT』WMJ 1位

11月28日 槇原敬之 [S]「雪に願いを/Red Nose Reindeer」(槇原敬之/槇原敬之/槇原敬之) WMJ 12位

1994

5月25日 槇原敬之 [S]「2つの願い」(槇原敬之/槇原敬之/槇原敬之)WMJ 3位

8月25日　槇原敬之［S］「SPY」（槇原敬之/槇原敬之/槇原敬之）WMJ 1位

9月25日　川崎真理子［S］「ガールズファイト」（川崎真理子/川崎真理子/本間昭光）WEA 70位

10月25日　槇原敬之［A］『PHARMACY』WMJ 1位

10月25日　川崎真理子［A］『For My Boy』WEA 91位

11月9日　Dual Dream［S］「Winter Kiss」（朝水彼方, 小島健二/小島健二/西平彰, Dual Dream）K 13位

1995

3月16日　Dual Dream［S］「はじめて君が来る」（小島健二/小島健二/見良津健雄, Dual Dream）K 67位

3月16日　Dual Dream［A］『HOLIDAY』K 44位

10月25日　川崎真理子［S］「Driving Lazy Lady」（川崎真理子/川崎真理子/槇原敬之）WEA

10月25日　Dual Dream［S］「I Say Hello」（財津和夫/財津和夫/財津和夫）K 44位

1996

1月6日　Dual Dream［A］『BOY'S SIDE』K 84位

1月25日　川崎真理子［S］「キスをしなくてよかった"I've been loving you"」（川崎真理子/川崎真理子/槇原敬之）WEA

3月25日　川崎真理子［A］『OK』WEA

4月10日　槇原敬之［S］「SECRET HEAVEN」（Andy Goldmark/槇原敬之/槇原敬之）WMJ 6位

4月24日　Dual Dream［S］「Angelica」（小池道昭/小池道昭/Dual Dream）K

7月10日　槇原敬之［S］「COWBOY」（Chris Farren/槇原敬之/槇原敬之）WMJ 20位

7月25日　槇原敬之［A］『ver.1.0E LOVE LETTER FROM THE DIGITAL COWBOY』WMJ 5位

9月25日　槇原敬之［S］「どうしようもない僕に天使が降りてきた」（槇原敬之/槇原敬之/槇原敬之）WMJ 4位

10月25日　槇原敬之［A］『UNDERWEAR』WMJ 2位

11月1日　Dual Dream［S］「Diary」（小池道昭/小池道昭/Dual Dream）K

11月18日　槇原敬之［S］「まだ生きてるよ」（槇原敬之/槇原敬之/槇原敬之）WMJ 10位

1997

5月25日　TRICERATOPS［A］『TRICERATOPS』BR デビュー

7月21日　TRICERATOPS［S］「Raspberry」（和田唱/和田唱/TRICERATOPS）ES

7月22日　Dual Dream［S］「Splash」（小池道昭/小池道昭/吉田建, Dual Drem）K

10月22日　TRICERATOPS［S］「彼女のシニヨン」（和田唱/和田唱/TRICERATOPS）ES 92位

1998

1月14日 カズン[S]「Happy Rain」(カズン/カズン/漆戸啓)KS

1月21日 TRICERATOPS[S]「ロケットに乗って」(和田唱/和田唱/TRICERATOPS)ES 93位

2月18日 松本明子 [S]「soon」(松本明子/呉田軽穂/漆戸ひろし)VAP 29位

3月21日 TRICERATOPS[A]『TRICERATOPS』ES 40位

5月22日 Dual Dream[S]「いいじゃない」(小島健二, 森浩美/小島健二/門倉聡, Dual Drem)K

7月15日 TRICERATOPS[S]「MASCARA & MASCARAS」(和田唱/和田唱/TRICERATOPS)ES 57位

8月21日 カズン[S]「クレッシェンド」(カズン/カズン/漆戸啓)KS

10月7日 TRICERATOPS[S]「GOTHIC RING」(和田唱/和田唱/TRICERATOPS)ER 46位

11月21日 TRICERATOPS[S]「FEVER」(和田唱/和田唱/TRICERATOPS)ER

12月2日 TRICERATOPS[A]『THE GREAT SKELETON'S MUSIC GUIDE BOOK』ER 15位

12月12日 カズン[A]『tomato baby』KS

1999

2月24日 TRICERATOPS[S]「Guatemala」(和田唱/和田唱/TRICERATOPS)ER 72位

3月18日 BUMP OF CHICKEN[A]『FLAME VEIN』UKP 77位 デビュー

5月12日 松本明子 [S]「ステラ」(松本明子/吉田拓郎/吉田建)VAP 74位

5月19日 TRICERATOPS [S]「GOING TO THE MOON」(和田唱/和田唱/TRICERATOPS) ER 5位

9月8日 TRICERATOPS[S]「if」(和田唱/和田唱/TRICERATOPS)ER 12位

10月20日 TRICERATOPS[S]「SECOND COMING」(和田唱/和田唱/TRICERATOPS)ER 20位

11月10日 TRICERATOPS[A]『A FILM ABOUT THE BLUES』ER 5位

11月25日 BUMP OF CHICKEN [S]「LAMP」(藤原基央/藤原基央/BUMP OF CHICKEN) UKP 181位

12月8日 TRICERATOPS[S]「UNIVERSE」(和田唱/和田唱/TRICERATOPS)ER 60位

2000

3月25日 BUMP OF CHICKEN[A]『THE LIVING DEAD』UKP 51位

6月21日 TRICERATOPS[S]「GROOVE WALK」(和田唱/和田唱/TRICERATOPS)ER 19位

9月8日 ART-SCHOOL[MA]『SONIC DEAD KIDS』123RECORDS

9月20日 BUMP OF CHICKEN[S]「ダイヤモンド」(藤原基央/藤原基央/BUMP OF CHICKEN) TF 15位

10月25日 TRICERATOPS[S]「Fall Again」(和田唱/和田唱/TRICERATOPS)ER 15位

2001

2月21日 TRICERATOPS[A]『KING OF THE JUNGLE』ER 11位

3月14日 BUMP OF CHICKEN[S]「天体観測」(藤原基央/藤原基央/BUMP OF CHICKEN) TF 3位

4月6日 ART-SCHOOL[MA]『MEAN STREET』123RECORDS

7月4日 TRICERATOPS[S]「Believe the Light」(LISA, SHO WADA/SHO WADA/TRICERATOPS)ER 14位

9月7日 ART-SCHOOL[S]「MISS WORLD」(木下理樹/木下理樹/ART-SCHOOL) 123RECORDS

10月17日 BUMP OF CHICKEN[S]「ハルジオン」(藤原基央/藤原基央/BUMP OF CHICKEN) TF 5位

2002

2月20日 BUMP OF CHICKEN[A]『jupiter』TF 1位

4月5日 ART-SCHOOL[MA]『シャーロット.e.p』123RECORDS

5月1日 TRICERATOPS[S]「2020」(和田唱/和田唱/TRICERATOPS)V 24位

7月31日 TRICERATOPS[S]「Fly Away」(和田唱/和田唱/TRICERATOPS)V 26位

10月9日 TRICERATOPS[A]『DAWN WORLD』V 17位

12月18日 BUMP OF CHICKEN[S]「スノースマイル」(藤原基央/藤原基央/BUMP OF CHICKEN)TF 3位

2003

3月12日 BUMP OF CHICKEN[S]「ロストマン/sailing day」(藤原基央/藤原基央/BUMP OF CHICKEN)TF 2位

11月19日 TRICERATOPS[S]「TATTOO」(和田唱/和田唱/TRICERATOPS)V 53位

2004

1月28日 TRICERATOPS[S]「ROCK MUSIC/赤いゴーカート」(和田唱/和田唱/TRICERATOPS)V 44位

2月18日 TRICERATOPS[A]『LICKS & ROCKS』V 20位

3月31日 BUMP OF CHICKEN[S]「アルエ」(藤原基央/藤原基央/BUMP OF CHICKEN) TF 2位

4月28日 BUMP OF CHICKEN[A]『FLAME VEIN+1(メジャー再発)』TF 16位

4月28日 BUMP OF CHICKEN[A]『THE LIVING DEAD(メジャー再発)』TF 19位

7月7日 BUMP OF CHICKEN[S]「オンリーロンリーグローリー」(藤原基央/藤原基央/BUMP OF CHICKEN)TF 1位

8月25日 BUMP OF CHICKEN[A]『ユグドラシル』TF 1位

10月20日 TRICERATOPS[S]「Jewel」(和田唱/和田唱/TRICERATOPS)V 39位

12月1日　BUMP OF CHICKEN[S]「車輪の唄」(藤原基央/藤原基央/BUMP OF CHICKEN)TF 3位

2005

1月28日　TRICERATOPS[S]「THE CAPTAIN」(和田唱/和田唱/TRICERATOPS)V 50位

3月2日　TRICERATOPS[A]『THE 7TH VOYAGE OF TRICERATOPS』V 45位

7月21日　BUMP OF CHICKEN[S]「プラネタリウム」(藤原基央/藤原基央/BUMP OF CHICKEN)TF 4位

11月23日　BUMP OF CHICKEN[S]「supernova/カルマ」(藤原基央/藤原基央/BUMP OF CHICKEN)TF 2位

2006

3月22日　TRICERATOPS[S]「トランスフォーマー」(和田唱/和田唱/TRICERATOPS)V 55位

6月21日　TRICERATOPS[S]「33」(和田唱/和田唱/TRICERATOPS)V 72位

9月21日　TRICERATOPS[S]「僕らの一歩」(和田唱/和田唱/TRICERATOPS)V 62位

11月1日　TRICERATOPS[A]『LEVEL 32』V 30位

11月22日　BUMP OF CHICKEN[S]「涙のふるさと」(藤原基央/藤原基央/BUMP OF CHICKEN)TF 1位

2007

10月24日　BUMP OF CHICKEN[S]「花の名」(藤原基央/藤原基央/BUMP OF CHICKEN)TF 1位

10月24日　BUMP OF CHICKEN[S]「メーデー」(藤原基央/藤原基央/BUMP OF CHICKEN)TF 2位

12月19日　BUMP OF CHICKEN[A]『orbital period』TF 2位

2008

2月20日　TRICERATOPS[A]『SHAKE YOUR HIP!!』V 69位

7月2日　TRICERATOPS[S]「FUTURE FOLDER」(和田唱/和田唱/TRICERATOPS)TBR 34位

9月3日　TRICERATOPS[S]「LOONY'S ANTHEM」(和田唱/和田唱/TRICERATOPS)TBR 35位

10月8日　TRICERATOPS[A]『MADE IN LOVE』TBR 20位

2009

10月7日　TRICERATOPS[S]「I GO WILD」(和田唱/和田唱/TRICERATOPS)TBR 45位

11月25日　BUMP OF CHICKEN[S]「R.I.P./Merry Christmas」(藤原基央/藤原基央/BUMP OF CHICKEN)TF 2位

12月16日　TRICERATOPS with 藤井フミヤ[S]「爆音Time〜NO MUSIC, NO LIFE.〜」(和田唱/和田唱/TRICERATOPS)TBR 27位

2010

3月24日	ジュリー with ザ・ワイルドワンズ[A]『JULIE with THE WILD ONES』AJM 28位
4月14日	BUMP OF CHICKEN [S]「HAPPY」(藤原基央/藤原基央/BUMP OF CHICKEN) TF 1位
4月21日	BUMP OF CHICKEN [S]「魔法の料理〜君から君へ〜」(藤原基央/藤原基央/BUMP OF CHICKEN) TF 1位
9月8日	TRICERATOPS [A]『WE ARE ONE』TBR 27位
10月13日	BUMP OF CHICKEN [S]「宇宙飛行士への手紙/モーターサイクル」(藤原基央/藤原基央/BUMP OF CHICKEN) TF 1位
12月15日	BUMP OF CHICKEN [A]『COSMONAUT』TF 1位

2011

2月23日	BUMP OF CHICKEN [S]「友達の唄」(藤原基央/藤原基央/BUMP OF CHICKEN) TF 2位
3月9日	鈴木雅之 [DS]「プロポーズ・アゲイン」(吉田Q/吉田Q/松本晃彦) ER
4月24日	MinxZone [A]『紙ピアノ』AVX
5月11日	BUMP OF CHICKEN [S]「Smile」(藤原基央/藤原基央/BUMP OF CHICKEN) TF 2位
10月19日	BUMP OF CHICKEN [S]「ゼロ」(藤原基央/藤原基央/BUMP OF CHICKEN) TF 2位
12月21日	TRICERATOPS [A]『LOVE IS LIVE』TBR 59位

2012

1月18日	BUMP OF CHICKEN [S]「グッドラック」(藤原基央/藤原基央/BUMP OF CHICKEN) TF 1位
3月19日	ウソツキ [A]『雨降るバス停』UKP デビュー
4月18日	MinxZone [S]「そりゃそりゃそうじゃん〜新世代のマーチ〜/花歌」(MinxZone/MinxZone/MinxZone, Yoshiaki Fujisawa) AVX
5月9日	SISTER JET [S]「しろくま」(WATARU.S/WATARU.S) PVN 167位
6月6日	SISTER JET [A]『YOUNG BLUE』PVN 107位
9月12日	BUMP OF CHICKEN [S]「firefly」(藤原基央/藤原基央/BUMP OF CHICKEN) TF 2位

2013

5月8日	鈴木雅之「恋はくじけず〜You can't worry love〜」(吉田Q/吉田Q/清水信之)([A]『Open Sesame』収録) ER
6月5日	カフカ [A]『呼吸-inhale-』KSF 200位
8月7日	カフカ [A]『呼吸-exhale-』KSF 268位

2014

2月5日　カフカ[A]『Rebirth』KSF 200位

3月12日　BUMP OF CHICKEN[A]『RAY』TF 1位

4月16日　吉田Q[A]『幸せの黄色いジャケット』BR デビュー

6月4日　ウソツキ[A]『金星人に恋をした。』UKP

12月10日　TRICERATOPS[A]『SONGS FOR THE STARLIGHT』TNI 25位

2015

1月21日　ウソツキ[A]『新木場発、銀河鉄道は行く。』UKP 240位

3月4日　鈴木雅之「純愛」(斉藤和義/斉藤和義/斉藤和義)([A]『ALL TIME BEST〜Martini Dictionary〜』収録)ER

4月22日　BUMP OF CHICKEN[S]「Hello, world! /コロニー」(藤原基央/藤原基央/BUMP OF CHICKEN)TF 2位

9月9日　カフカ[A]『Tokyo 9 Stories』UKP 83位

10月7日　ウソツキ[A]『スーパーリアリズム』UKP 124位

11月15日　TRICERATOPS[S]「Shout!」(和田唱/和田唱/TRICERATOPS)TNI 121位

2016

2月10日　BUMP OF CHICKEN[A]『Butterflies』TF 1位

4月27日　ココロオークション[A]『CANVAS』BOG 85位

5月4日　鈴木雅之[DS]「Melancholia」(松任谷由実/松任谷由実/Thom Hawke)ER

7月13日　ウソツキ[A]『一生分のラブレター』UKP 74位

9月7日　カフカ[A]『あいなきせかい』UKP 84位

11月5日　ザ・ワイルドワンズ[S]「蒼い月の唄」(waio/加瀬邦彦/不明)加瀬邦彦音楽事務所

2017

1月11日　ココロオークション[A]『CINEMA』BOG 68位

4月12日　ウソツキ[A]『惑星TOKYO』UKP 80位

8月2日　ココロオークション[A]『夏の夜の夢』BOG 44位

10月4日　伊東歌詞太郎「タイムスリーパー」(伊東歌詞太郎/伊東歌詞太郎/伊東歌詞太郎)([A]『二天一流』収録)イザナギ

10月18日　アンテナ[A]『モーンガータ』BOG 107位

2018

1月24日　カフカ[A]『ラブソングフォーディストピアシティトーキョー』UKP

3月28日　ココロオークション[A]『Musical』BOG 108位

5月9日　TRICERATOPS[S]「GLITTER／MIRACLE」(和田唱／和田唱／TRICERATOPS) TNI 91位

8月1日　ココロオークション[DS]「向日葵」(粟子真行／粟子真行, 大野裕司／ココロオークション)BOG

9月26日　ウソツキ[A]『Diamond』UKP 93位

11月14日　アンテナ[DS]「深い 深い 青」(渡辺諒／渡辺諒／ANTENA)BOG

12月19日　アンテナ[DS]「ラヴ ラヴ ラヴ」(渡辺諒／渡辺諒／ANTENA)BOG

2019

1月23日　アンテナ[MA]『深い 深い 青』BOG 141位

3月20日　ココロオークション[DS]「ハンカチ」(粟子真行／粟子真行, 大野裕司／ココロオークション)BOG

3月27日　アイラヴミー[DS]「負け犬戦士」(さとうみほの／さとうみほの／アイラヴミー, Thom Hawke)BOG

4月3日　ココロオークション[MA]『VIVI』BOG

5月1日　アンテナ[DS]「ごきげんよう」(渡辺諒／渡辺諒／ANTENA)BOG

5月22日　アイラヴミー[DS]「社会の歯車」(さとうみほの／さとうみほの／アイラヴミー, Thom Hawke)BOG

7月24日　アイラヴミー[DS]「でも生きている」(さとうみほの／さとうみほの／アイラヴミー, Thom Hawke)BOG

9月4日　アイラヴミー[MA]『でも生きている』BOG

9月18日　ウソツキ[MA]『0時2分』UKP

9月25日　ANTENA[DS]「入道雲」(渡辺諒／渡辺諒／ANTENA)BOG

12月18日　ココロオークション[DS]「ミルクティー」(粟子真行／粟子真行／ココロオークション) BOG

2020

1月22日　ANTENA[A]『風吹く方へ』BOG 1st

2月5日　アイラヴミー[DS]「答えを出すのだ」(さとうみほの／さとうみほの／アイラヴミー, Thom Hawke)BOG

7月22日　アイラヴミー[DS]「ナイフ」(さとうみほの／さとうみほの／アイラヴミー, Thom Hawke)BOG

8月19日　アイラヴミー[DS]「ケンカしようぜ!」(さとうみほの／さとうみほの／アイラヴミー, Thom Hawke)BOG

9月2日　FAITH[DS]「Headphones」(Akari Dritschler, Mas Kimura／FAITH, Kenji Kisaki, Mas Kimura／FAITH, Kenji Kisaki, Mas Kimura)VAP

9月9日　ココロオークション[MA]『Memorandum』BOG

9月16日　アイラヴミー[DS]「そのまんま勇者」(さとうみほの/さとうみほの/アイラヴミー, Thom Hawke) BOG

9月30日　アイラヴミー[MA]『そのまんま勇者』BOG

10月7日　FAITH [DS]「Irony」(Akari Dritschler, Mas Kimura/FAITH, Kenji Kisaki, Mas Kimura/FAITH, Kenji Kisaki, Mas Kimura) VAP

11月11日　FAITH [DS]「Last Will」(Akari Dritschler, Mas Kimura/FAITH, Kenji Kisaki, Mas Kimura/FAITH, Kenji Kisaki, Mas Kimura) VAP

出典 (2018年まで)

濱口英樹・著『ヒットソングを創った男たち　歌謡曲黄金時代の仕掛人』(シンコーミュージック・エンタテイメント、2018年)

Spotifyプレイリスト

木﨑賢治『プロデュースの基本』

Spotify Code（SpotifyのSearch機能→カメラで検索）

木﨑賢治 Spotifyオフィシャルプレイリスト

「木﨑賢治 Works」

Spotify Code（SpotifyのSearch機能→カメラで検索）

制作協力　福岡智彦
編集協力　斉藤ユカ

インターナショナル新書〇六二

プロデュースの基本《きほん》

二〇二〇年一二月一二日　第一刷発行
二〇二三年　四月二五日　第五刷発行

著　者　木崎《きさき》賢治《けんじ》
発行者　岩瀬　朗
発行所　株式会社 集英社インターナショナル
〒一〇一-〇〇六四 東京都千代田区神田猿楽町一-五-一八
電話 〇三-五二一一-二六三〇
発売所　株式会社 集英社
〒一〇一-八〇五〇 東京都千代田区一ツ橋二-五-一〇
電話 〇三-三二三〇-六〇八〇（読者係）
〇三-三二三〇-六三九三（販売部）書店専用
装　幀　アルビレオ
印刷所　大日本印刷株式会社
製本所　加藤製本株式会社

 ISBN978-4-7976-8062-1　C0295

木崎《きさき》賢治《けんじ》

音楽プロデューサー。一九四六年、東京都生まれ。東京外国語大学フランス語学科卒業。渡辺音楽出版（株）で、アグネス・チャン、沢田研二、山下久美子、大澤誉志幸、吉川晃司などの制作を手がけ、独立。その後、槇原敬之、トライセラトップス、BUMP OF CHICKENなどのプロデュースをし、数多くのヒット曲を生み出す。（株）ブリッジ代表取締役。銀色夏生との共著に『ものを作るということ』（角川文庫）がある。

インターナショナル新書

008
女の機嫌の直し方
黒川伊保子

男にとって理不尽ともいえる女の不機嫌。その謎をAI研究者が解き明かす。男女の脳の違いがわかれば、生きることが楽になる！　福音の書。

017
天文の世界史
廣瀬　匠

西欧だけでなく、インド、中国、マヤなどの天文学にも迫った画期的な天文学通史。神話から最新の宇宙物理までを、時間・空間ともに壮大なスケールで描き出す！

030
全国マン・チン分布考
松本　修

空前絶後の女陰・男根語大研究！　方言分布図を言語地理学で丹念に辿り、膨大な史料にあたると、既存の語源説が覆り、驚くべき結論に。阿川佐和子氏推薦。

061
僕が「ＰＣＲ」原理主義に反対する理由
岩田健太郎

「ＰＣＲ検査を国民全員に」という〝俗論〟はなぜ、間違いなのか――最前線でコロナウイルスと戦う感染症医が明断な分析と論理で一刀両断。

063
空間は実在するか
橋元淳一郎

ピタゴラスの定理でシンプルに相対論を理解すれば、空間と時間の不思議に気が付く。空間と時間、生命へと拡がる壮大な思考実験が始まる。